suhrkamp taschenbuch 358

D1730287

Herbert W. Franke, 1927 in Wien geboren, studierte Physik, Mathematik, Chemie, Psychologie und Philosophie. Er promovierte an der Universität Wien mit einem Thema aus der theoretischen Physik zum Doktor der Philosophie. Seit 1957 ist er freier Schriftsteller. Seine ersten Science-fiction-Geschichten publizierte er in den Jahren 1953 und 1954 in der Wiener Kulturzeitschrift *Neue Wege*. Weitere Veröffentlichungen: *Der grüne Komet*, 1960; *Das Gedankennetz*, 1961; *Der Orchideenkäfig*, 1961; *Die Glasfalle*, 1962; *Die Stahlwüste*, 1962; *Der Elfenbeinturm*, 1965; *Zone Null*, 1970; *Einsteins Erben*, 1972; *Ypsilon minus*, 1976; *Zarathustra kehrt zurück*, 1977; *Sirius Transit*, 1979; *Schule für Übermenschen*, 1980; *Paradies 3000*, 1981; *Keine Spur von Leben . . .*, 1982; *Tod eines Unsterblichen*, 1982. 1980 wurde Franke zum Mitglied des Internationalen PEN-Clubs gewählt; im selben Jahr wurde ihm der Berufstitel Professor verliehen.

Eine Stadt im Jahre 2000 – ein totalitäres technokratisches System, absolute Kontrolle durch elektronische Überwachungsanlagen . . . das ist die Szenerie dieses Romans von Herbert W. Franke. *Ypsilon minus* ist sein Titel – nach der Indexnummer der Ausgestoßenen, die vom zentralen Meldeamt allen jenen zugesprochen wird, die von der vorgeschriebenen Linie abweichen. Benedikt Erman, genannt Ben, ist dort als Rechercheur beschäftigt. Eines Tages bekommt er vom Computer den Befehl, sich selbst zu kontrollieren. Irrtum der Maschine? Raffinierter Schachzug einer verborgenen unmenschlichen Intelligenz? Benedikt rollt seine eigene Vergangenheit auf, und zu seiner Überraschung stößt er auf Ereignisse, die längst aus den historischen Protokollen gelöscht wurden – auf das Geschehen, das zu diesem computergesteuerten Staatswesen geführt hat. Aber Benedikt ist Programmierer, und so hat er die Möglichkeit, sein Wissen einzusetzen und sich zu wehren.

Wie bei allen Science-fiction-Stoffen von Herbert W. Franke geht es um prinzipiell mögliche Entwicklungen, um solche, die sich verwirklichen könnten, wenn man den Dingen ihren Lauf ließe. Erst wird der Leser von den geschilderten Ereignissen gefangen sein, vom verzweifelten Kampf gegen Reglementierung und Entpersönlichung vor der phantastisch-abstrusen Kulisse einer Automatenwelt. Erst nachher wird er merken, daß ein beachtlicher Teil davon längst zur Realität unserer täglichen Umwelt geworden ist.

Herbert W. Franke
Ypsilon minus

Mit einem Nachwort von
Franz Rottensteiner

Phantastische Bibliothek
Band 3

Suhrkamp

Umschlagbild: Osterwalder

suhrkamp taschenbuch 358
Vierte Auflage, 25.–30. Tausend 1982
© Suhrkamp Verlag Frankfurt am Main 1976
Suhrkamp Taschenbuch Verlag
Alle Rechte vorbehalten, insbesondere das
des öffentlichen Vortrags, der Übertragung durch
Rundfunk und Fernsehen sowie der Übersetzung,
auch einzelner Teile.
Satz: LibroSatz, Kriftel
Druck: Ebner Ulm · Printed in Germany
Umschlag nach Entwürfen von
Willy Fleckhaus und Rolf Staudt

Ypsilon minus

1.

Dieser Tag unterschied sich durch nichts von tausend anderen Tagen.

Um sechs Uhr früh Wecken. Das übliche Gedränge im Waschraum. Das Anstellen um das Frühstücksgeschirr, um die Synthese-Milch, um Brot und Marmelade.

Der Vormittag: Gymnastik. Psycho-Training. Unterricht. Die Privatstunde von elf bis zwölf hatte Ben Erman benutzt, um seinen Berechtigungsschein für die Benutzung der Mikrofilmbibliothek erneuern zu lassen und einen Antrag auf einen neuen Overall zu stellen.

Zwölf Uhr bis vierzehn Uhr: Anstellen um das Essen. Wieder einmal hatte er ein Randstück vom Algenbrot bekommen – so hart, daß er erst gar nicht versuchte, es zu zerlegen. Er warf es mit den Papiertellern und dem Plastikbesteck in den Müllschlucker.

Die Fahrt mit der Hängebahn . . . sie war eine Zäsur in seinem Tagesablauf – zwischen der Individual- und der Sozialarbeit. Und sie war ein kurzer Zeitabschnitt ohne Aufgabe, ohne Verpflichtung. Er saß in seiner Ein-Mann-Kabine – allein –, blickte von hoch oben auf die Straßen mit ihren Laufstegen und Schwebezügen, mit den durcheinanderströmenden Menschenmassen . . . Von hier sah es aus, als wäre eine träge wirbelnde Flüssigkeit zwischen Mauern eingeschlossen. Die Luft in der Kabine war gut – Ben brauchte sein Atemfilter nicht zu benutzen. Vielleicht war das der Grund, daß er sich in diesen Minuten immer wie befreit vorkam – als wäre er nicht selbst ein Teil dieser ruhelosen Stadt.

Vierzehn Uhr: Beginn des vierstündigen Arbeitstags.

Ben Erman war Rechercheur in der Computerzentrale – ein Posten, der nur Angehörigen der R-Kategorie zustand.

Auch jetzt noch wies nichts auf die Besonderheit des Tages hin. Ben setzte sich auf seinen Rollstuhl, ließ den Hebel der Stromversorgung nach rechts klicken und tastete seine Kennnummer ein: 33-78568700-16 R. Ein rotes Lämpchen leuchtete auf. Ben wartete einige Sekunden lang, dann erschien ein Schriftzug auf dem elektronischen Leuchtschirm: Die Verbindung zur Arbeitseinheit war hergestellt, das Interaktionssystem stand bereit. Zugleich erschienen rechts oben die rasch wechselnden Ziffern der elektronischen Kontrolluhr, die die Rechenzeit und den Rechenwert überwachte. Ben rief die Resultate des letzten Tages ab und wandte sich dann jenen Punkten zu, die er noch nicht berücksichtigt hatte: den Ergebnissen der medizinischen Untersuchungen und psychiatrischen Tests, den Listen der Medikamente und Drogen – soweit sie offiziell zugeteilt worden waren –, der Zahl der Fremdkontakte mit Personen außerhalb des eigenen Wohnblocks, dem Freizeitverhalten usw.

Bisher hatte es nicht schlecht um den Prüfling gestanden. Die Ergebnisse waren nicht besser und nicht schlechter als bei tausend anderen, die er überprüft hatte. Eine Kategorie hinauf oder hinunter … gewiß: wichtige Entscheidungen für den Betroffenen, doch für die Statistik bedeutungslos!

Dann aber sank die Kennzahl der integralen Bewertung rapide. Schon die Antworten auf den Fragebogen für die regelmäßigen psychologischen Prüfungen zeigten einen deutlichen Abfall. Auch die Aussagen, die er in den obligatorischen Stunden der Selbstkritik gemacht hatte, ergaben überraschend niedrige Werte, als er sie nach dem sozialen Schlüssel auswertete. Einen niederschmetternden Eindruck machte schließlich die Auflistung der Fernsehsendungen und Filme – hier ergab sich ganz deutlich eine Bevorzugung der aus Testzwecken in die Programme eingebauten negativen Archetypen in einem ganz bestimmten Sinn, nämlich in Richtung auf destruktive Elemente. Bevor sich Ben der nächsten Qualifikationsgruppe zuwandte, schaltete er auf grafische Ausgabe um. Noch befand sich der rote Punkt hoch über dem Strich, der die Y- und die Z-Kategorien trennte. Aber es war unverkennbar, daß er sich ihm mehr und mehr näherte.

In diesem Moment legte sich eine Hand auf Bens Schulter. »Hallo, Ben!« Es war Olf Peman, Bens Nachbar aus der Arbeitsnische links von ihm.

Olf warf nur einen Blick auf den Bildschirm ... »Donnerwetter! Ein interessanter Fall – warum rufst du uns nicht?«

Olf lief aus Bens Nische, doch – wie zu erwarten war – nur, um die anderen Mitarbeiter der Abteilung heranzuholen.

Im Stillen ärgerte sich Ben darüber – er hätte diesen Fall lieber noch eine Weile allein bearbeitet, um ganz sicher zu sein ... Noch stand keineswegs fest, daß die Bewertungskurve weiter absinken würde. Einige weitere Qualifikationswerte, und alles könnte sich als blinder Alarm herausstellen.

Und andererseits: Ben hatte es nie leiden können, wie die Ypsilon-minus-Fälle von der Belegschaft behandelt wurden. Gewiß, es handelte sich um Entartete, um heimliche Außenseiter, die aus der Gesellschaft eliminiert werden mußten. Und doch – konnte man hier von Absicht oder Schuld sprechen? War es nicht vielmehr ein Schicksal, das sich aus welchen Gründen auch immer auf irgendeinen von ihnen richtete – das zu tragisch war, als daß man die letzten Entscheidungen, das letzte Urteil wie einen sportlichen Schiedsspruch erwarten und feiern durfte?

Doch nun war es zu spät – aus allen Kabinen strömten die Rechercheure, die Statistiker, die Analytiker und drängten sich um ihn.

Es kostete ihn Mühe, konzentriert weiterzuarbeiten – immerhin hing das Schicksal eines Menschen von seiner Aufmerksamkeit ab; ein Irrtum wäre – selbst wenn er später vom Computer korrigiert worden wäre – ärgerlich und blamabel. Er hatte noch nie einen Ypsilon-minus-Fall gehabt – ebensowenig wie viele seiner Kollegen, die zum Teil schon länger als er in der Abteilung waren. Und was könnte es jetzt für sie alle Amüsanteres geben, als daß er sich zu verrechnen begann, daß er unsicher wurde, daß er sich als unfähig herausstellte ...

Ben rechnete jetzt langsamer, doch es war ihm gelungen, sich zu konzentrieren. Trotz der Stimmen hinter ihm, des Geflüsters, der Ratschläge von jenen, die es besser wissen wollten, blieb er ruhig und nahm sich eine Qualifikation nach der anderen noch einmal vor: die Resultate des programmierten Unterrichts, das Kontaktregister, das Freizeitverhalten, die Fluktuationen während der Ferienzeit ...

Selbstverständlich würden sich die Ärzte und Psychologen, die Verhaltensforscher und Soziologen, die Organisatoren und Kontrolleure mit dem Fall beschäftigen. Sie würden herauszufinden versuchen, an welcher Stelle ein faux pas passiert war – in der genetischen Konditionierung, in den psychologischen Programmen des Unterrichts, in der Verhaltensorganisation, in der zur allgemeinen Verwendung freigegebenen Information oder in unerwünschten Fehleinflüssen des Freizeitangebots. Dabei handelte es sich aber lediglich um Erklärungsversuche und nicht um eine Revision; die Entscheidung war längst getroffen. Es ging um Vorkehrungen für die Zukunft, um die Verhinderung weiterer ähnlicher Fälle, um eine Vervollständigung der Kontroll- und Überwachungsmaßnahmen. Damit hatte er, Ben, nichts mehr zu tun. Er war Rechercheur und kein Organisator. Eigentlich brauchte ihn ein solcher Fall nicht zu berühren; für ihn bedeutete er nicht mehr als Zahlen und Symbole auf Leuchtschirmen, sinnvoll im Dienst der Sozietät verbrachte Arbeitszeit, vielleicht einen Pluspunkt in seinem beruflichen Werdegang, eine Prämie, vielleicht gar eine Neueinstufung?

Ben kam zu den letzten Qualifikationen. Das Gemurmel hinter ihm wurde leiser, die Spannung wuchs. Und als der rote Punkt dann endgültig unter der waagerechten Trennlinie verschwand, ging ein Ächzen durch den Raum, und dann jubelten sie, klatschten, schlugen sich gegenseitig auf die Schultern. Nur Ben saß wie erstarrt auf seinem Stuhl, und obwohl sie ihm die Hände drückten und ihm gratulierten, war er wie durch eine Mauer von ihnen getrennt, er bemühte sich, zu verstehen, was geschehen war, fragte sich, welchen Anteil er eigentlich daran hatte und wieso ihm Glückwünsche zukamen. Er starrte auf den Schirm, auf dem jetzt die zusammenfassenden Ergebnisse der einzelnen Qualifikationsbereiche aufgelistet wurden, bis schließlich, gewissermaßen als Summe eines Lebens, das unumstößliche Resultat erschien: y–.

Grundsatzreferat zur Geschichtsphilosophie

Wie die statistische Analyse beweist, greifen in historische Entwicklungen oft Zufallsprozesse ein, die die Abläufe in unkontrollierbare Bahnen lenken. Auf diese Weise kam es vor der Stunde Null oft zu nicht vorhersehbaren Situationen, die die Entscheidungsträger vor unlösbare Aufgaben stellten. Die Lösungsversuche beschränkten sich meist auf passives Reagieren, auf Aktionen von lediglich kurzfristigem Einfluß. Deren Effektivität wurde bald durch weitere Zufallsereignisse gemindert, vage Ansätze zur gesellschaftlichen Besserstellung fielen den zunehmenden Turbulenzen zum Opfer. Der Mensch war lediglich Werkzeug der Geschichte, aber nicht ihr Gestalter. Durch den Zustand hochgradiger Unordnung war seine Freiheit erheblich eingeschränkt.

Die geschilderte Situation ist typisch für die archaische Gesellschaft vor der Stunde Null. *In unserem Staat der Einheitlichkeit und der Ordnung müssen entropische Einflüsse aus der Geschichte eliminiert werden.* Daraus folgt die Notwendigkeit einer präzisen Planung historischer Abläufe, die durch eine hochentwickelte elektronische Simulationstechnik möglich geworden ist. Wir unterscheiden die zwei Programme KURZHIST und LANGHIST für kurzfristige und langfristige Planung. In der kurzfristigen Planung werden nicht nur die gewünschten Entwicklungen – soziologische Relevanzen, bildungstechnische Maßnahmen, medizinische Betreuung, psychologisches Training usw. – im Detail ausgearbeitet, sondern auch die dafür nötigen Eingriffe. Die angezeigten Maßnahmen werden in der allgemein verständlichen Sprache SIMPLON ausgegeben. Sie werden nach dem Programm VARIATORFAKT über das Kommunikationssystem SELEKTOR verteilt und den Angehörigen der operativen Klassen A und B übermittelt. Die langfristige Planung beschränkt sich vorderhand auf die Ausarbeitung von Zielvorstellungen und ihre Gewichtung nach den verfügbaren Ressourcen. Auf Detailanweisungen zur Durchführung wird vorderhand verzichtet, doch ist eine sukzessive Erweiterung der Kurzfristprogrammierung in den Langfristbereich vorgesehen.

Die Erkenntnis einer fehlerhaften Entwicklung der Geschichte erfordert auch Maßnahmen zu ihrer Korrektur. Philosophische Grundlage dazu ist das informationspositivistische Prinzip der Realität: Die Wirklichkeit ist die Summe aller korrelierbaren Informationen. Dem Institut für historische Planung ist deshalb eine Abteilung für Geschichtskorrektur angefügt. Sie hat die Aufgabe, die historischen Tatbestände neu festzulegen, und zwar so, daß sie den logisch-kausalen Hintergrund der modernen Geschichte bilden. Auf diese Weise sollte es gelingen, alle dunklen Punkte aus unserem Weltbild zu entfernen, die heute noch an eine düstere Vergangenheit erinnern und die Psyche der Bürger belasten. *Der vollkommene Staat braucht auch eine vollkommene Geschichte.*

2

Bens Arbeitstag neigte sich dem Ende zu. Zwei Stunden, acht-
undvierzig Minuten und drei Sekunden Rechenzeit hatte er be-
nötigt, um den Nachweis zu führen, daß einer von ihnen in ihrer
Gemeinschaft nichts mehr zu suchen hatte. Die Pause nach dem
Erreichen des Ziels war nur kurz gewesen – sie alle hatten ihr
Soll zu erfüllen. Sie hatten sich gegenseitig Pharmadrops ange-
boten, und Olf hatte aus dem Schrank, in dem die Kassetten mit
den Magnetbändern lagen, eine Flasche Fitness-Sekt geholt –
sie waren alle gut gestimmt, als sie seine Kabine verließen.
Auch Ben fühlte die künstliche Hochstimmung, die Energie,
die das Getränk freigesetzt hatte, aber es fehlte die Gelegenheit, sie angemessen zu verwenden. Ihm blieben nur noch fünf-
zehn Minuten, um die verlorene Zeit wenigstens zum Teil auf-
zuholen, und so wandte er sich seinem nächsten Fall zu. Er
stellte die Verbindung mit dem Speicher her und rief die Kenndaten und Codezahlen ab. Nur Bruchteile von Sekunden später
lagen ihm alle nötigen Angaben vor, und er griff schon nach
dem Xerox-Duplikator, als er gewahr wurde, welche Kennzahl
da stand: 33-78568700-16 R. Er blickte noch einmal hin – ein
Irrtum der Maschine? – was konnte es anderes sein! Er bat um
Überprüfung und Korrektur ... einige Sekunden Wartezeit,
dann die Antwort: korrekte Angabe – und wieder die Zahl:
seine Zahl!

An diesem Abend arbeitete Ben nicht mehr. Es hatte einige
Zeit gedauert, bis er verstand, doch dann mußte er es sich selbst
bekräftigen: Er hatte den Befehl erhalten, sich selbst zu überprüfen.

Dieser Fall war so unerwartet und ungewöhnlich, daß Ben einige Zeit hindurch nicht imstande war, etwas zu tun. Eine
Überprüfung – das mußte noch nicht unbedingt etwas Negatives bedeuten; oft genug wurden Personen durch den Zufallsgenerator ausgewählt und durch die Mühlen der Kontrolle ge-
dreht. In solchen Fällen hatte sich allerdings noch nie eine Abweichung ergeben. In der Mehrzahl der Fälle aber bestand be-

gründeter Verdacht; und meist war dann, wie die Berechnungen erwiesen, auch eine Rückstufung unvermeidlich. Als er daran dachte, lief es ihm kalt über Jen Rücken. Er war sich darüber im klaren, daß es ausnahmslos jeden treffen konnte. Jeder konnte Verdacht erregen, und meist gab es auch Gründe dafür. Freilich war es für die meisten schwer, diese Gründe festzustellen – wenn sich ihnen diese Gelegenheit überhaupt bot. Einige falsche Antworten bei den Befragungen, eine ungünstige Auswahl des Lesestoffs oder der Spielpartner, Verdachtsmomente durch ungewöhnliche Reaktionen beim Psychotraining und so fort ... aber all das konnte bei ihm kaum zutreffen, denn er wußte genau, bei welchen Gelegenheiten man Gefahr lief, sich eine Blöße zu geben. Für jeden Kriminalfilm, den er sich ansah, tippte er zwei oder drei historische oder soziale Sendungen ein – selbst wenn er die Stunden dann in den letzten Reihen dösend verbrachte. Und jeden Kontakt mit dem leichtsinnigen Rex Oman, seinem Freund, kompensierte er durch Unterhaltungen mit seinem Psychotrainer oder mit einem der Gruppenersten. Ben konnte sich nicht vorstellen, wodurch er Verdacht erregt haben könnte.

Dazu kam aber der unglaubliche Fall, daß er seine Überprüfung selbst vornehmen sollte. Könnte es sich dabei um einen besonders raffinierten, ja geradezu witzigen Trick der Kontrolleure handeln? Aber diesen Gedanken verwarf er bald; denn wenn eines feststand, war es die Tatsache, daß die Kontrolleure bei ihrer Arbeit nicht das geringste Anzeichen von Witz erkennen ließen. Sie gingen absolut kein Risiko ein. Dann blieb nur noch eine Möglichkeit, die aber ebenso unwahrscheinlich war, nämlich ein Irrtum der Maschine ...

Aber auch bei diesem Gedanken stockte er. Die Maschine irrte sich nie, und wenn nun der sicher überaus seltene Zufall eintrat, daß ein Rechercheur seinen eigenen Fall zur Bearbeitung übertragen bekam, so konnte das einfach daran liegen, daß man vergessen hatte, diese Möglichkeit auszuschließen. Immerhin – das müßte sich überprüfen lassen. Er hatte Zugang zu den Programmen, und was gab es Einfacheres, als sich über diesen Punkt zu informieren ... Schon wollte er zur Tastatur seines Fernschreibers greifen, als ihm einfiel, daß das, was er eben zu tun beabsichtigte, nicht zur üblichen Routine seiner Arbeit gehörte. Obwohl es keine Anweisung gab, die es ihm untersagt hätte, so gab es auch keine, die es ihm nahelegte ... was er tun wollte, war nicht vorgeschrieben – und aus diesem Grund zumindest bedenklich. Und in diesem Moment wurde ihm mit erschreckender Deutlichkeit klar, daß er aus seiner Situation nicht herausfinden würde, ohne seinen Status als loyales Mitglied der Freien Gesellschaft zu gefährden.

Ben hatte das interaktive System ausgeschaltet – zwei Minuten zu früh. Er war einfach nicht fähig, an diesem Tag noch weiterzuarbeiten. Die Unterbrechung kam ihm gelegen – er wollte mit seinen Gedanken ins Reine kommen.

Bevor er das Haus verließ, ging er in den Waschraum. Er ließ sich einen Viertelliter Trinkwasser in den Papierbecher gießen und schluckte zwei Tabletten: eine zur Beruhigung und eine zur Ermunterung.

Am liebsten hätte er den Heimweg heute allein angetreten, doch als er am Ende des langen Korridors um die Ecke bog, trat ihm Olf entgegen, legte die Hand auf seinen Arm und dirigierte ihn zum Ausgang.

»Du bist ein Glückspilz«, sagte er. »Ein solcher Fall sollte mir auch einmal unterkommen! Ich bin sicher, daß du mindestens zwanzig Punkte Prämie bekommst –«.

Durch die Schleusentür kamen sie ins Freie, sie mußten ihre Atemfilter umbinden, wodurch Olfs Redefluß ein wenig gedämpft wurde. Wie schon in den letzten Tagen hatte sich gegen Abend der Smog gesenkt, und nun hatten sie Mühe, die paar Schritte durch die Schwaden hindurch bis zur Haltestelle der Schwebezüge zu finden.

Ben machte einen Versuch, dem hartnäckigen Gesprächspartner zu entgehen. »Wir sind heute ein wenig später dran – vielleicht finde ich eine freie Gondel.«

»Unsinn!«, meinte Olf. »Da mußt du mindestens eine halbe

Stunde warten. Komm, wir steigen ein – hier sind noch Plätze frei.«

Sie setzten sich, und Olf band sein Atemfilter ab. Die Luft war auch hier nicht gerade gut, aber man konnte sie ohne Schleimhautreizung atmen.

»Ich bereite mich schon auf meinen Urlaub vor«, berichtete Olf. Es war anzunehmen gewesen, daß er bald wieder auf seine eigenen Angelegenheiten zurückkommen würde. »Ich habe mich diesmal für einen Skikurs entschieden. Sie haben das alte Kohlerevier im Norden zum Winter-Erholungspark gemacht. Eisbahnen, künstlicher Schnee und so fort. Viel angenehmer als bei echter Kälte. Meinst du, daß ich Abfahrt machen soll? Oder könnte man mir das als Aggressivität anrechnen?«

Ben zuckte die Schultern. Er hatte Olf nicht zugehört. Wie sollte er sich verhalten? Natürlich war es möglich, sein Dilemma mit dem Psychiater zu besprechen; aber das wäre das *letzte,* was er tun würde. Er konnte Bengt Haman nicht ausstehen – was er sich natürlich nicht merken ließ.

»Wenn ich mich zusätzlich in eine Gruppe für meditativen Gesang einschreiben lasse, hätte ich sogar noch einige Bewertungspunkte gut – was meinst du? Ich bin mir nur noch nicht sicher, ob ich Übernachtung in einem Ferienheim beantragen oder lieber zu Hause schlafen soll. Ich glaube, ich werde mich für das Ferienheim entscheiden. Das kostet mich freilich einige Formalitäten, aber ich habe ja Zeit.«

Zwar war es Vorschrift, alle persönlichen Schwierigkeiten mit dem psychologischen Personal durchzusprechen, aber in Bens Fall handelte es sich ja zunächst um ein berufliches Problem. Die zuständige Stelle war der Abteilungsleiter Oswaldo Efman, und ihm hätte sich Ben ohne weiteres anvertraut – wenn er sich darüber schlüssig gewesen wäre, ob das Problem für eine offizielle Anfrage ernst genug war. Vielleicht handelte es sich gar nicht um einen Irrtum oder einen unberücksichtigten Sonderfall – warum sollte es auch nötig sein, für Überprüfungen der eigenen Person besondere Ausnahmen vorzusehen. Ob es nun er war oder ein anderer – er konnte ja sowieso nichts tun als seiner

Routine nachgehn, Punkt für Punkt durchnehmen, die Qualifikationen auflisten und bewerten, die Testergebnisse entschlüsseln und so fort.

»Ich glaube, daß mir der Wintersport recht gut liegt«, sagte Olf. Er sprach weiter, ohne darauf zu achten, daß ihm Ben kaum zuhörte. »Hast du schon gesehen, wie ich von der Drehscheibe auf das Schnellaufband springe? Ich habe nicht die geringsten Schwierigkeiten mit dem Gleichgewicht. So ähnlich stelle ich mir das Skifahren vor. Man bekommt doch bei sportlichen Erfolgen auch Punkte – oder nicht?«

Ben schreckte aus seinen Grübeleien auf. »Gewiß, aber ich glaube, das gilt nur für Berufssportler – nicht für Amateure.«

»Schade!«, Olf bemühte sich, einen Blick nach draußen durch die Fensterscheiben zu werfen; sie waren – obwohl sie täglich gereinigt wurden – von einer dicken Schmutzschicht überzogen. »Hier muß ich raus! Machs gut!«

Er drängte sich durch die Menge, Ben hatte noch zwei Stationen zu fahren. Der Zug erhob sich ein wenig schwingend, die Beschleunigung drückte die Fahrgäste, die Sitzplätze gefunden hatten, in die Schaumgummikissen. Ben war unruhig, unauffällig griff er sich an den Hals, suchte mit der Fingerkuppe die Schlagader, um seinen Pulsschlag zu überprüfen. Fast hundert! Er holte eine weitere Beruhigungstablette aus seinem Schächtelchen und schluckte sie ohne Wasser hinunter. Hoffentlich wirkte sie! Mehr als drei Tabletten so kurz hintereinander – wie alle anderen hatte er das schon einmal mitgemacht: Man glaubte, nie mehr in den normalen Zustand zurückzukehren – so stark war das Gefühl der Übelkeit. Nun gut, diese eine ließ sich noch verantworten.

Als er aus der Wärme des Wageninneren in den kühlen Nebel hinaussprang, fühlte er einen Stich in seiner Schulter. Er würde sie wieder einmal bestrahlen lassen müssen. Mit eingezogenem Kopf ging er weiter, durch das Atemfilter mühsam Luft holend. Am liebsten hätte er heute auf das Abendessen verzichtet, aber die nicht abgegebenen Essenmarken hätten in der Abrechnung gefehlt und wären in seinem individuellen Protokoll vermerkt worden. Er stellte sich in die langen Reihen im Korridor vor der Kantine und war froh, daß vor und hinter ihm kein Bekannter stand. Er achtete nicht darauf, was ihm der Automat auf den Pappteller schob und hätte fast vergessen, Aufmerksamkeit zu heucheln, als nach dem Essen die News durchgegeben wurden. Auf dem großen Bildschirm auf der Stirnseite des Saals erschien der Sprecher und stellte einige verdiente Mitarbeiter vor – einen Biotechniker, der eine besonders große Algenausbeute zu verzeichnen hatte, und einen Beamten des Wasserwerks, der auf 10.000 erfolgreiche Chlorierungen zurücksehen konnte. Es folgten die »Berichte aus der Arbeitswelt« – Szenen aus einer Kugellagerfabrik und aus einer Werkstatt, in der Nylonborsten für Reinigungsanlagen erzeugt wurden. Mit dem gewohnten spontanen Beifall wurden die jüngsten Zahlen aus der Kommune quittiert – eine neue Strecke der U-Bahn freigegeben, eine Tagung über Probleme der Ergonomie erfolgreich beendet. Dazwischen kamen die kurzen Zeichentrickfilme, die in spaßiger Art auf oft begangene Fehler hinwiesen: ungenügende Reinigung des Arbeitsgeräts, Stromverbrauch und Nutzwasserverschwendung. Schließlich wurde auf Abgabetermine für die Formulare aus verschiedenen sozialen Aktionen aufmerksam gemacht, und nach dem Wetterbericht, der die Zeiten des für morgen vorgesehenen Regens angab, durften sie aufstehen und den Saal verlassen.

Ben verzichtete für diesmal auf die Lesestunde, für die er eine Sondererlaubnis hatte. Er setzte sich nur noch für einige Minuten in das Raummusiktheater, ließ die schwebenden und schwellenden Klänge auf sich wirken – und stellte doch nur fest, daß sie ihn nicht von seinen Grübeleien ablenken konnten.

Dann machte er sich zum Schlafengehen bereit, ein wenig früher als die anderen, die die Freizeit am Abend stets bis zur letzten Minute auskosteten. Der Schlafsaal war nahezu leer, die meisten Kojen unbesetzt. Ben hatte eine in der vierten Reihe – über eine kleine Leiter stieg er hinauf. Es waren vier Quadratmeter, und sie gehörten ihm allein. Zwei Schränke, ein Lautsprecher – der Anschluß zum öffentlichen Rundfunkprogramm –, sein Bett. Aus dem Punkteüberschuß der letzten Monate hatte er sich eine bunte Decke und einen Kissenüberzug gekauft; so unterschied sich seine Schlafstätte wohltuend von dem einheitlichen Grau der anderen. Und an die Schrankwände hatte er die Etiketten der letzten Sammelaktion geklebt. Er hätte sie gegen Schokominz-Würfel umtauschen können, doch sie waren so hübsch, daß er sie lieber für sich behielt.

Sonst, wenn er den Vorhang zuzog und sich damit vor der öffentlichen Welt verschloß, hatte er immer ein Gefühl der Zufriedenheit verspürt – eine Art Harmonie zwischen sich und der Gesellschaft, die in einer dialektischen Wechselwirkung zueinander stehen, und doch, auf einer höheren Ebene, eins sind. Doch dieses Gefühl versagte sich ihm heute, und so blieb ihm als letzte Hoffnung nur noch Blondy, seine Schlafpuppe. Er hatte schon mit dem Gedanken gespielt, sie gegen den anderen Typ, die etwas kleinere und schwarze Blacky, umzutauschen, hatte sich doch letztlich nie dazu entschließen können. Nun war er froh, daß er sie behalten hatte. Er legte sie neben sich ins Bett, drückte sich an sie und kostete das Gefühl der Wärme aus, das sie ihm stets übermittelte. Er ließ seine Finger durch ihr blondes Kunsthaar streichen und schmiegte seine Wange an die ihre. Endlich merkte er, daß die ihn beunruhigenden Gedanken von ihm abließen und daß es doch noch Momente im Leben gab – Belohnung für die im Dienste der Gemeinschaft geleistete Arbeit –, die ihm niemand wegnehmen konnte. Sogar die Schmerzen in seiner Schulter verschwanden, und er überließ sich den zärtlichen Bemühungen der Puppe – durch ein Feedbacksystem kontrolliert und gesteuert.

Manifest des Ausschusses für soziale Sicherheit

Seiner biologisch bedingten physischen und psychischen Struktur gemäß ist der Mensch auf Tätigkeit angelegt. Im archaischen Zeitalter diente seine Aktivität der Erhaltung des Überlebens. Da es keinerlei Instanzen gab, die für die Durchführung eventuell unterlassener notwendiger Maßnahmen verantwortlich waren, stand die gesamte Existenz des Menschen unter einem ständigen Zwang, der sich mit den Grundsätzen unseres modernen Staats nicht in Einklang bringen läßt. Aus diesem Grund hat der Staat die Versorgung und Betreuung der Bürger übernommen – eine Voraussetzung für Freiheit und Glück.

Maßnahmen dieser Art verlangen auch eine Änderung der menschlichen Funktionen und Einstellungen. Die Teams der anthropologischen Planungsabteilungen sind dabei, die Eingriffe vorzubereiten, die den Menschen auch biologisch von dem Zwang ununterbrochener Aktivität und Wachheit befreien. Bevor dieses Problem nicht gelöst ist, muß unsere Situation als Übergangsstadium gewertet werden. Obwohl es, insbesondere mit medikamentösen Mitteln, durchaus möglich ist, den Aktivitätspegel herabzusetzen, bleibt doch die Notwendigkeit bestehen, einen vorderhand nicht reduzierbaren Rest an Aktionspotential zu berücksichtigen. Aus diesem Grund sind die Angehörigen der Klassen C bis H bedingt und jene der Klassen I bis T ausschließlich mit pseudoberuflicher Tätigkeit zu beschäftigen. Dabei handelt es sich um eine Art der Berufsausübung, die äußerlich den im archaischen Zeitalter üblichen Berufsständen entspricht, der jedoch die produktive Komponente fehlt. Unvermeidbare Arbeitsleistungen sind durch Dispersionsprozesse zu kompensieren. Angehörige der nicht angepaßten Klassen U bis X können vorderhand zu Dienstleistungen in Form von körperlicher Arbeit herangezogen werden, durch die ihr energetisches Potential ausgeglichen wird. Es handelt sich dabei hauptsächlich um Tätigkeiten, zu deren Automatisierung ein höherer Aufwand an Robotsystemen nötig wäre.

Es entspricht somit der Planungsstrategie, daß ein gewisser Teil der lebenserhaltenden Maßnahmen – insbesondere für Versorgung und Dienstleistung – vorderhand von der Automatisierung und Computerisierung ausgenommen wird. Die Vorbereitungen für eine Umstellung auf Vollautomatisierung sind jedoch praktisch beendet; diese kann jederzeit kurzfristig erfolgen, sobald das biologisch-anthropologische Problem gelöst ist.

3.

Als Ben am nächsten Tag seinen Arbeitsraum betrat und sich ans Pult setzte, war ihm, als hätte sich hier etwas verändert ..., doch es gelang ihm nicht herauszufinden, was es war. Die Konsolen waren blank geputzt wie immer, der antistatische Leuchtschirm glänzte, die Magnetbänder im Eingabesystem waren straff gespannt, das grüne Kontrollicht brannte, die Anzeige des Adressenwählers stand auf Null. Die grauen Gevierte der Kästen, unter denen sich die elektronischen Eingeweide verbargen, waren perfekt ausgerichtet in den Raum geschrieben, die Kanten ordneten sich einem rechtwinkligen Koordinatensystem ohne die geringste Abweichung ein. Das war sein Arbeitsraum, so wie er es seit Monaten und Jahren gewesen war – und doch kam er Ben heute anders vor. Aber er war es selbst, der sich verändert hatte; es war seine Beziehung zu den Geräten, zu seiner Aufgabe, zu deren Sinn ... die alte absolute Trennung zwischen Subjekt und Objekt war plötzlich aufgehoben. Er war nicht mehr unbeteiligt, denn es ging um ihn selbst.

Er hatte sich vorgenommen, seine Arbeit durchzuführen, wie stets bisher. Es gab keine Vorschrift, die ihn zu etwas anderem hätte veranlassen können. Und er sah auch keinen Grund, von der Routine abzugehen. Sollte sich in seinem Verhalten die geringste Abweichung von der Norm zeigen, so würde er das feststellen, genau so gut wie es ein anderer festgestellt hätte. Doch schon als er das Programm aktivierte und die ersten Daten aufrief, stellte er fest, daß sein Herz wieder klopfte, daß sein Atem schneller ging, daß er gespannt auf den Schirm starrte ... Er griff zur Pillenschachtel und ließ zwei der weißen Scheibchen in seinen Mund gleiten. Beruhigung und Konzentration – mit Hilfe der Chemie und der Pharmazie würde er seine Aufgabe erfüllen. Und er wollte sie erfüllen.

Er rief die erste Qualifikation auf – Routineüberprüfung. Daten aus dem genetischen Programm, aus den Erziehungsprotokollen, aus den Psycholehrgängen – Resultate der Prüfungen, Ja-Nein-Antworten auf gestellte Fragen, Kreuze in viereckige

Felder, gestanzte Löcher oder nicht markierte Besetzungsstellen ... In diesen Symbolen lag sein Ich verschlüsselt, das war er mit seiner physischen und psychischen Existenz, mit seinen Verhaltensweisen und Routinen, mit seinem Antriebsmuster und seinen Motivationen, mit seinen Vorzügen und Schwächen. ... Wieder schreckte er aus seinen Gedanken auf, gab die Daten in den Speicher, ließ sie summieren und integrieren, subtrahieren und differenzieren, ordnen und vergleichen, wieder ausschreiben und bewerten.

Was sich dabei ergab, war Durchschnitt – in keiner Weise bemerkenswert. Das war nicht gerade erfreulich, denn insgeheim hielt sich Ben wie so viele andere doch für etwas Besonderes, eher ein Individuum als repräsentativer Querschnitt der normierten Gesellschaft. Andererseits war das Ergebnis beruhigend. Vielleicht hatten auch die Tabletten ihre Wirkung getan, aber diese Zahlen sprachen für sich: Hier gab es nichts daran zu rütteln – sie entsprachen durchaus seiner Einordnung in die R-Klasse und deuteten nicht im geringsten auf eine Veränderung und schon gar nicht auf eine Abklassifizierung hin.

Als zweites ging Ben die medizinischen Daten durch. Hier war alles vermerkt: seine Klon-Gruppe, seine Geburtsdaten, sein Wachstumskoeffizient, seine Impfungen und Immunisierungen, die Fluorierung seiner Knochen und Zähne, die Pigmentierung seiner Haut. Seine Kinderkrankheiten waren ebenso aufgezeichnet wie alle kleineren Unfälle im Heim und auf der Straße – vom abgerissenen Fingernagel bis zum aufgeschlagenen Knie. Die Medikamente, die man ihm verabreicht hatte, waren ebenso angeführt wie die Mengen von Watte und Heftpflaster, die ihm zugeteilt worden waren. Nach Beendigung der Aufbauphase, mit zweiundzwanzig Jahren –, und das bedeutete gleichzeitig das Ende der Konditionierung – traten kaum noch Krankheiten auf. Er war gesund, und wieder erinnerte er sich daran, daß die Genugtuung darüber nicht die war, die man einem Fremden gegenüber aufbringt. Daran war nichts zu ändern: Er war es selbst, den er untersuchte, und was dabei herauskam, war ihm prinzipiell nicht gleichgültig.

Auch die medizinische Qualifikation hatte zu keinem ungewöhnlichen Ergebnis geführt. Es steckte kein heimliches Leiden in ihm, das sich im Laufe der obligatorischen Gesundheitsuntersuchungen angedeutet und ihn aus den Reihen der Normalen ausgestoßen hätte. Alles war in Ordnung, alles entsprach seiner Klassifikation: Stufe R. Er lehnte sich im Stuhl zurück und atmete auf – vielleicht war doch alles nur ein böser Traum. Aber gerade in diesem Moment, ohne daß er einen Anlaß erkannte, fiel ihm etwas Bestürzendes auf und ließ es siedendheiß in ihm aufsteigen: In diesem Protokoll stand nämlich nichts von seiner schmerzenden Schulter. Bisher hatte er kaum Gedanken darauf verschwendet – er erinnerte sich, daß vor Jahren einmal von einem Unfall die Rede gewesen war, und einmal hatte er in einem Spiegel eine schwache Narbe bemerkt, die vom Halsansatz nach hinten lief. Nur relativ selten spürte er Schmerzen, und er hatte sich so sehr daran gewöhnt, daß er sie kaum noch beachtete. Nun erst gewann dieses kleine Gebrechen an Bedeutung – als er nämlich feststellte, daß es in seinem medizinischen Protokoll fehlte.

Wieder begann er zu grübeln. Was war zu tun? Er zwang sich zur Ruhe, suchte die Situation logisch zu bewältigen und kam zum Schluß, daß er offiziell keinen Anlaß hatte, der Sache weiter nachzugehen. Denn normalerweise hätte er von dieser Unstimmigkeit nichts erfahren. Für ihn als Rechercheur existierte die Narbe nicht. Für ihn als Person freilich war sie vorhanden, und wenn er sich darum kümmerte, dann war das seine private Angelegenheit.

Es waren leise Geräusche, Schritte und Gesprächsfetzen, die Ben aus seinen Grübeleien rissen. Auch eine Frauenstimme war vernehmbar – es konnte sich also nur um Oswaldo Efman handeln und um dessen Sekretärin Gunda. Gunda Iman war die einzige Frau in der Abteilung, und das unterstrich die Sonderstellung von Oswaldo, der der F-Kategorie angehörte. Für viele war es nicht recht verständlich, warum Oswaldo gerade eine Frau zur persönlichen Unterstützung brauchte, und immer wieder gab es Gerüchte, daß sie Schande miteinander trieben. Ben hatte solche Andeutungen stets mit Nachdruck zurückgewiesen; es erschien ihm unmöglich, daß Oswaldo zu einem solch abstoßenden Verbrechen fähig wäre. Damit war freilich die Frage noch nicht beantwortet, warum er eine Frau in seiner Nähe duldete – wobei sich gewisse Peinlichkeiten nie vermeiden ließen – und damit der perversen Phantasie des Personals Nahrung bot. Doch Angehörige der Kategorie F verhielten sich in mancher Weise ungewöhnlich, und es hatte wenig Sinn, sich darüber den Kopf zu zerbrechen.

Oswaldo wäre der einzige Mensch gewesen, den Ben gern um Rat gefragt hätte, doch hatte er sich bisher nicht dazu entschließen können. Wer konnte Oswaldos Reaktion vorhersagen? Vielleicht hätte er ihm einen väterlichen Rat geben können, durch ein beruhigendes Wort all die Unruhe beschwichtigen, der sich Ben ausgesetzt fühlte. Doch genau so gut war es denkbar, daß sich Oswaldo empört von ihm abwandte, und das hätte seine Situation unerträglich gemacht.

Ben stellte das interaktive System auf ›Pause‹. Rasch schluckte er eine Tablette zur Hebung des Selbstbewußtseins und trat hinaus auf den Korridor. Nur wenige Meter von ihm entfernt, vor dem Eingang zur Nische seines Nachbarn, standen Oswaldo, Olf und Gunda. Als sie Ben sahen, unterbrach Oswaldo das Gespräch und kam auf ihn zu. Er schüttelte ihm die Hand. »Ich hatte noch nicht Gelegenheit, dir zu gratulieren! Herzlichen Glückwunsch! Deine Ableitungen sind fehlerlos – ich bekam vorhin den Bericht.«

»Ich habe nur meine Pflicht getan ...«, murmelte Ben. »Es war ein Zufall, daß ich ...«

Oswaldo hob abwehrend die Hand. »Nein, nein! Es ist schon oft vorgekommen, daß Kollegen solche Fälle an die Zentrale zurückgewiesen haben. Und sie haben richtig gehandelt – es ist nicht jedermanns Sache, eine solche Verantwortung auf sich zu nehmen.« Bisher waren sie bei den anderen stehengeblieben, doch nun wandte sich Oswaldo zu Bens Arbeitsnische. Gerade das war es, was dieser gern vermieden hätte: Oswaldo hatte sich immer für seine Arbeit interessiert, und so war es nicht ausgeschlossen, daß er sich auch diesmal einige Zwischendaten des neuen Falls einspielen ließ.

»Ich hatte übrigens vor«, fuhr Oswaldo fort, »dich für einen Lehrgang über Psychoprogrammierung vorzuschlagen. Wenn du ihn bestehst, und daran zweifle ich nicht, können wir dir eine höherqualifizierte Aufgabe übertragen. Es ist nicht einmal ausgeschlossen, daß damit auch eine Anhebung in die Q-Kategorie verbunden ist.«

Inzwischen waren sie an Bens Arbeitsplatz angekommen, und Oswaldo setzte sich wie selbstverständlich in dessen Stuhl und ließ seine Blicke über die Notizblätter schweifen, die auf der Arbeitsplatte ausgebreitet waren. »Woran arbeitest du jetzt? Wieder ein interessanter Fall?«

Jetzt muß ich es ihm mitteilen, jetzt ist der richtige Augenblick dafür, sagte sich Ben. Er ist dir wohlgesonnen, er hat Verständnis für dich, er wird dir helfen . . . Statt dessen hörte er sich selbst sagen: »Nichts Besonderes, Oswaldo. Keine Probleme . . .«

Oswaldo hob die Pauseneinstellung auf und drückte auf einige Tasten. Ben spürte ein leises Zittern, das seinen Körper zu erfassen versuchte, aber er atmete einige Male tief durch, und es gelang ihm, sich zu beherrschen.

Über die Bildfläche flimmerten Symbole, wie hingeworfen bauten sich die Zeilen auf. Mit einem entspannenden Ausatmen konstatierte Ben, daß der Text völlig neutral war. Es handelte sich um die integralen Werte der ersten Qualifikation, und daran war nun beim besten Willen nichts Auffälliges zu bemerken. Vor allem aber erschien oben lediglich die Code-Zahl des Falls, nicht aber seine eigene Kennziffer.

Oswaldo ließ sich auch das Ergebnis des zweiten Qualifikationskomplexes einspielen und wandte sich dann uninteressiert ab. »Wirklich ein Routinefall. Eigentlich zu einfach für dich. Ich will dafür sorgen, daß du dich in Zukunft mit interessanteren Problemen zu beschäftigen hast!«

Hatte Oswaldo bei diesen Worten gezwinkert? War eine Nuance von Ironie in seinen Worten zu spüren? Nein – das bildete sich Ben nur ein. Es war das schlechte Gewissen, das mit ihm spielte – die Schuld, in die er sich allmählich zu verstricken begann: durch seinen Mangel an Vertrauen, durch seine Unentschlossenheit.

Fast hätte er nun Oswaldo alles gestanden, aber in diesem Moment stand dieser auf, und außerdem war Gunda hinzugetreten.

»Ach ja, fast hätte ich es vergessen. Hast du die Mappe hier?« wandte er sich an die Frau.

Sie reichte ihm einen Umschlag, und Oswaldo zog eine Magnetkarte heraus. »Im Namen der zentralen Verwaltung überreiche ich dir einen Punktebonus – 64 Punkte: Verwende sie gut!«

Hatte er wieder gezwinkert?

Ben stammelte einige Dankesworte, doch Oswaldo schnitt sie ab. »Kein Grund, mir zu danken! Prämien werden nach einem Punktesystem berechnet. Danke dem Computer, wenn du willst!« Er lächelte selbst über seinen Scherz, und auch Gunda lachte, aber es war ein spöttisches Lachen. Beide drückten Ben die Hand, nickten ihm zu und gingen in den Korridor hinaus.

Ben setzte sich in seinen Stuhl und starrte auf die Magnetkarte. Vierundsechzig Punkte – zu jedem anderen Zeitpunkt wäre das ein Fest für ihn gewesen. Und nun? Er steckte das elastische Blatt mit der magnetischen Kunststoffbeschichtung in die Brusttasche und wandte sich wieder dem Bildschirm zu. Systematisch, rasch und zielbewußt begann er zu arbeiten ...

Nach zwei Stunden stand es fest: In seinem Leben fehlten drei Jahre. Der Nachweis dafür war nicht einfach gewesen – es bedurfte der ganzen Raffinesse eines bewährten Rechercheurs, um versteckte Anzeichen auf etwas Ungewöhnliches herauszufinden. Denn selbstverständlich gab es in den Akten keine Lükken. Medizinische Daten, Testergebnisse, Wiederholungskurse, Prüfungen, Verbrauch an elektrischem Strom, das Freizeitverhalten, die Auswahlindices für Sport-, Spiel- und Unterhaltungssendungen ... überall waren die Angaben vollständig und homogen. Gerade hier aber lag der Schlüssel zur Überprüfung:

Es waren genau drei Jahre, in denen der Homogenitätsgrad geradezu auffallend hoch war. Es gab kein herausstechendes Ereignis, nichts, das irgendwelche Folgen hinterlassen hätte, keinerlei Anhaltspunkte für Erinnerungen. Aus den medizinischen Protokollen dagegen konnte er die Daten jener Bestrahlungen entnehmen, die ihm von Zeit zu Zeit zur Behandlung seiner kranken Schulter verordnet worden waren. Sie fingen völlig unvermittelt an: genau nach jenen fraglichen drei Jahren. Und sie hörten genauso unvermittelt auf.

Selbstverständlich versuchte Ben, sich an diese Zeit zu erinnern. Aber sie lag zehn Jahre zurück, und was bedeuten da drei Jahre ohne herausragende Geschehnisse? An seinem inneren Auge zog nichts anderes vorüber als der Alltag in den Zellen, Unterrichtssälen und Arbeitsräumen, nichtssagende Gespräche mit Nachbarn und Kollegen, Spiele in der Psychogruppe, ein wenig Spannung bei den Sportveranstaltungen und Filmen, ein wenig Erregung mit Blondy, seiner Puppe, ein graues Allerlei, eine Reihe blasser Bilder, Fragmente der Vergangenheit, gleichgültig, irrelevant … Und so sehr er sich auch bemühte, das geringste Anzeichen für etwas Außergewöhnliches in seinem Gedächtnis zu finden – er fand nichts.

Interne Mitteilung zur Frage der Emotionen

Noch immer erweist sich die emotionale Unruhe des Menschen als unangenehmer Störfaktor im sozialen Gefüge. Im Sinne der Kybernetik sind Emotionen assoziativ ausgelöste bewußtwerdende Signale, die auf die Relevanz einer Situation hinweisen. Man unterscheidet positive und negative Emotionen, je nachdem, ob das Individuum dazu gebracht werden soll, eine bestimmte Situation beizubehalten oder sich ihr zu entziehen. In einer archaischen Umgebung haben die Emotionen eine biologische Funktion: Sie halten das Individuum an, sich sinnvoll zu verhalten, also etwa den eigenen Organismus zu schützen und zu versorgen bzw. Schäden und Gefahren abzuwehren oder zu meiden.

In unserem modernen Sozialstaat können Schutz und Versorgung des Bürgers nicht dem unkontrollierten Auftreten emotionaler Regungen überlassen bleiben. Diese Aufgaben werden vom Staat übernommen und unterliegen nicht mehr dem Eingreifen des Individuums. Somit sind Emotionen als ein Relikt archaischer biologischer Zustände zu werten, das in unserer sozialen Situation keinen Sinn mehr hat. Besonders unangenehm ist die Tatsache, daß Emotionen oft ohne erkennbaren Grund auftreten und somit zu Verhaltensweisen führen, die unvorhersehbar und deshalb nicht kalkulierbar sind und somit zu störenden Auswirkungen führen müssen. Das ist der Grund dafür, daß einige Teams der Abteilung für anthropologische Forschung damit beschäftigt sind, die Emotionen auszuschalten bzw. so umzufunktionieren, daß sie dem Bürger nützlich sein können. So könnten beispielsweise die positiven Emotionen der Begeisterung und der Freude als Lohn für besonders gute Anpassung, für kritiklose Befolgung der Richtlinien usw. eingesetzt werden.

Die dargelegte Situation läßt es als wichtig erscheinen, die Untersuchung der Emotionen, ihre Auslösung, Kontrolle und Unterdrückung, als Schwerpunktprogramm durchzuführen. Nach den bisherigen Erfahrungen bieten sich hierfür insbesondere drei Wege an:

a) Die Beeinflussung der Emotionen durch Assoziation – eine Methode, die bereits in der archaischen Zeit bekannt war, beispielsweise zur Unterstützung kapitalistischer Wirtschaftssysteme. Man bietet dem Publikum Zeichen, Gestalten oder Begriffe an, die mit den betreffenden Emotionen assoziiert sind. Beispiele sind:
spielende Menschen – Lebensfreude
hübsche Mädchen – erotische Anziehung
Kampf- und Folterszenen – Aggression.
Dieses Verfahren erweist sich als wenig wirkungsvoll, da der Adressat gegen Einwirkungen dieser Art abstumpft und sie dann unbeachtet läßt. Da sie andererseits die beste Methode zur simultanen Beeinflussung von größeren Gruppen sind, werden sie auch in unserem Soziogefüge – zum Wohl des einzelnen – noch angewandt. Das geschieht insbesondere in den Stunden des Psychotrainings, durch gemeinsames Zitieren von Versen und Sinnsprüchen.

b) Die medikamentöse Beeinflussung von Emotionen. Aus der archaischen Zeit sind Rauschgifte und Drogen bekannt, durch die sich die Menschen in von ihnen angestrebte angenehme emotionale Zustände versetzten. Die meisten dieser Mittel hatten eine sumative Wirkung, d. h., daß sie mehrere emotionale Zentren anregten und somit zu unkoordinierten Gemütszuständen führten. Im letzten Jahrzehnt vor der Stunde Null setzten Mediziner und Psychiater eine Reihe von Präparaten ein, die bereits eine weitaus gezieltere Wirkung erlaubten. In den medizinischen Zentren der Forschungsbehörde wurden auf diesem Gebiet in letzter Zeit nennenswerte Fortschritte erzielt. Heute stehen uns Präparate zur Verfügung, mit denen es gelingt, einzelne emotionale Regungen willkürlich hervorzurufen und zu unterdrücken. Der Intensitätsgrad sowie die Dauer zeigen zwar individuelle Varianten, doch sind sie in gewissen Grenzen festzulegen. Mit Hilfe dieser Mittel, die dem Trinkwasser oder allgemein gebrauchten Lebensmitteln zugefügt werden, ist es gelungen, bestimmte emotionale Regungen zu dämpfen, die den Bürgern bisher Beschwerden verursacht haben. Das gilt insbesondere für erotische und sexuelle Gefühle, die in archaischen Zeiten oft zu unüberlegten und widersinnigen Handlungen geführt haben. In einer Zeit, in der die volle Liebe des Bürgers dem Staat gehört und er in dieser Zuneigung seine volle Befriedigung findet, sind Gefühle dieser Art überflüssig und störend.

c) Die elektrische Stimulierung von Neuronen. Diese Methode bietet die günstigsten Aussichten, die Skala der Emotionen unter Kontrolle zu halten. Nachteil dieser Methode ist es, daß dem Adressaten dünne Silberdrähte ins Gehirn geführt werden müssen, was allerdings völlig schmerzlos erfolgt. Dabei kommt es insbesondere auf eine genaueste Positionierung der aktiven Spitze an – ein Problem, das bis heute noch nicht völlig gelöst ist (durch geringe Abweichungen vom anvisierten Zielort sind oft unerwünschte Reaktionen eingetreten). Im Moment wird an einer dreidimensionalen Kartierung der emotional ansprechbaren Stellen im Gehirn gearbeitet – mit dem Fernziel einer computerisierten Stimulation. Bisher ist die Methode noch zu aufwendig, um den Bürgern in ihrer Gesamtheit zugute zu kommen. Sie wird jedoch in Einzelfällen angewandt, insbesondere in Spezialfällen, etwa bei krankhaften oder kriminellen Abweichungen. Die Methode der elektrischen Stimulation wird übrigens auch zur Erzeugung synthetischer Träume sowie zur Gedächtnisaktivierung eingesetzt.

4.

Der nächste Tag – ein Sonntag. Doppelte Marmeladerationen, Biokaffee. Die Wochenfeier in der Aula, Verlesung des Grundgesetzes, Gesang, Auszüge aus dem Sozialprogramm, ein Sprecher der Volksbühne, Musik. Anstellen zum Mittagessen, farbige Pappbecher und Teller zur Feier des Tages. Sojawürze zur Proteinpastete. Fitness-Bier. Endspiel der Basketball-Meisterschaft, eine langweilige Fahrt zum Sportplatz, zwei Stunden Gedränge auf dem Weg zurück.

Eine Stunde bis zum Abendessen ... Darauf hatte Ben gewartet. Er suchte seine Koje auf, zog den Vorhang zu. Er warf sich aufs Bett, doch es war diesmal nicht Blondy, die ihn interessierte. Er überzeugte sich, daß zwischen Vorhang und Wand kein kleiner Spalt freigeblieben war, der Einblick in seine Zelle gewährt hätte. Dann zog er seine Pillenschachtel hervor und die Plastiktüte, die er im Waschraum mit Wasser gefüllt hatte. Die Pillen waren trocken und schwer hinunterzuwürgen, und außerdem lösten sie sich schneller auf, wenn man Wasser nachtrank. Zuerst schluckte er sechs Konzentrationspillen und nach einigem Überlegen noch vier weitere. Es war ihm klar, daß ihm unbeschreiblich schlecht werden würde, aber er nahm es in Kauf. Er lag auf der Schaumgummimatratze, den Kopf auf das Kissen gestützt, die Augen geschlossen, und er versuchte, sich auf weit zurückliegende Ereignisse zu konzentrieren. Er spürte, wie sich als Folge der chemischen Präparate sein Bewußtsein veränderte, wie manches überdeutlich und quälend scharf wurde, wie sich die Kontraste verhärteten und Bewegungen zu gellenden Blitzen wurden. Natürlich war ihm nicht klar, auf welche Art und Weise er sich bemühen sollte, die Vergangenheit wachzurufen, und er versuchte es auf alle mögliche Art. Sein Herz klopfte vor Erwartung, als er merkte, daß es ihm besser und besser gelang, und plötzlich wurden ganze Schwärme von Details in sein Bewußtsein geschwemmt, Dutzende Bilder, rasch hintereinander aus dem Nichts heraus auftauchend und von weiteren verdrängt ... Aber rasch kam die Enttäuschung –

32

denn was da wie eine Flut in sein Bewußtsein einbrach, waren nur Belanglosigkeiten. Er sah Personen, die längst aus seinem Gesichtskreis verschwunden waren – aber es waren die üblichen Unterhaltungen über Sport und Spiele, Essen und Puppen, Energieverbrauch und Prämien. Er sah sich in verschiedensten Situationen, fast erstaunt darüber, wie lebendig diese längst vergrabenen Dinge wurden, aber es war nichts anderes als ein Sieg der Hockeymannschaft, die seine Sympathie besaß, ein Schlager aus den Hitparaden, der ihm früher einmal besonders gut gefallen hatte, Passagen aus Abenteuer- und Kriminalfilmen. Auch eine Menge unangenehmer Erinnerungen wurde heraufgespült: falsche Antworten, die er dem Psychiater gegeben hatte, die beschämende Begegnung mit einer Frau, die ihn zu berühren versucht hatte, die verlorene Magnetkarte, die er dann plötzlich wieder aufgetaucht war ...

Und dann wurde der Reigen der Bilder gestört, verdunkelt, vernebelt, und es waren Wellen von Übelkeit, die alles überschwemmten, und dann lag er in seiner Koje, wand sich vor Schmerz, glaubte sterben zu müssen, rief nach dem Arzt, dem Psychiater, dem Moderator ...

Er erwachte im Behandlungsraum des Blockarztes, fühlte sich schwach und ausgeleert, doch die Übelkeit war wie ein Wunder vergangen, und so hoffte er, den Fragen, die ihm bevorstanden, begegnen zu können.

Ein Angehöriger der Psychokontrolle stand am Kopfende seines Lagers, daneben der Moderator und der Arzt. Durch ein Nicken deutete dieser an, daß Ben zur Befragung freigegeben war ...

»Wieviel Tabletten hast du genommen? Was für Tabletten waren es? Warum hast du das getan? Du hast ein Verbot mißachtet. Weißt du nicht, daß die Einnahme limitiert ist?«

Ben wußte es, und es hatte keinen Sinn, es zu leugnen. »Ich habe mir nichts dabei gedacht«, sagte er leise und versuchte, seiner Stimme einen festen Klang zu geben. »Ich wollte es einmal ausprobieren. Ich wußte nicht, daß es so schlimm werden würde.«

»Du weißt, daß der Mißbrauch von Pillen schwer bestraft wird. Der Fortschritt der Pharmazie, den unser Staatssystem gefördert hat, soll den Menschen helfen, ihre Probleme zu bewältigen. Aber das setzt verantwortungsbewußte Mitglieder voraus. Es setzt voraus, daß die Vorschriften beachtet werden. Und diese Vorschriften haben ihren Sinn. Der menschliche Organismus verträgt biochemische Agenzien nicht unbeschränkt. Auf ein Übermaß reagiert er durch ein Abwehrsystem – dessen Folgen hast du zu spüren bekommen. Du gehörst der Kategorie R an und hättest wissen müssen, welche Folgen dein unüberlegter Schritt hatte. Warum hast du es getan?«

Ben wußte es genau. Und er wußte auch, daß es keineswegs der menschliche Körper war, der sich durch Übelkeit gegen die chemischen Stoffe wehrte. Vielmehr fügte man jeder Tablette eine geringe Menge eines Präparates hinzu, das diese Übelkeit erregte. Das war ein gutes Mittel, um die Einnahme der Tabletten, die alle gewünschten Emotionen hervorriefen, auf ein gewünschtes Maß einzudämmen. Und es war eine vernünftige Maßnahme und eine wirkungsvolle dazu. Ben hatte das bestätigt gefunden. Er hatte nicht erwartet, daß es so schlimm werden würde – mit Schaudern dachte er an die letzte Stunde zurück, als er sich hilflos im Bett gewälzt hatte. Aber offenbar gab es ein wirksames Gegenmittel, und man hatte es angewandt. Das kam ihm jetzt zugute, denn er konnte antworten, ohne sich eine Blöße zu geben. Er hatte es sich gut überlegt.

»Es ging mir nicht darum, high zu werden«, erklärte er. »Ich versuchte nur, eine bessere Erinnerung an einige Kurse zu erreichen, die ich vor Jahren besucht hatte ... über Lehr- und Unterrichtsprogrammierung. Als eine Konzentrationspille nicht half, habe ich, ohne mir etwas dabei zu denken, einige weitere genommen. Das war dumm von mir – ich sehe es ein. Und ich habe Strafe verdient. Aber ich hatte keine böse Absicht.«

Jetzt kam es darauf an! Wenn sie ihm glaubten, kam er mit der üblichen Strafe davon: Punkteentzug, und diesen konnte er verschmerzen – nicht zuletzt wegen seiner Prämie. Glaubten sie ihm aber nicht, mußte er mit einer Psychobefragung rechnen, und dann war es gleichgültig, ob sie sich für eine Unterstützung durch Psychopharmaka oder durch gehirnelektrische Stimulation entschieden – es würde alles herauskommen, was er bisher noch hatte verbergen können.

Es waren bange Sekunden . . . Dann machte der Kontrolleur ein Zeichen auf die Personalkarte, die er in der Hand hielt, und reichte sie Ben. »Du hast sehr unüberlegt gehandelt«, sagte er. »Aber du hast deine Strafe schon bekommen. Es war das erstemal, und so kommst du ohne Punktentzug weg. Laß es dir eine Lehre sein!« Er nickte dem Arzt und dem Moderator zu und entfernte sich.

Ben stand auf und tat mit wackligen Beinen ein paar Schritte. Der Moderator kam mit ihm und stützte ihn. Bisher hatte er sich beherrscht, aber nun ließ er sich seine Wut unverhüllt anmerken. »Eine solche Schweinerei in meinem Block!« Er schloß die Hand um Bens Arm und rüttelte ihn. »Und diese Kerle lassen dich ohne Strafe davonkommen! Natürlich – ihnen kann es ja gleichgültig sein; und wie ich zurechtkomme, interessiert niemanden. In dieser Nacht wirst du noch an mich denken!«

In dieser Nacht gab es zehnmal Fehlalarm, und die Insassen des Schlafsaals mußten, notdürftig angekleidet, die Feuerleiter hinunterklettern und sich im Hof versammeln – ehe sie in die Betten zurückgescheucht wurden. Die meisten wußten, wem sie das zu verdanken hatten, und die Blicke, die Ben heimlich streiften, waren alles andere als wohlwollend.

Wie jeder Wochentag, so begann auch der kommende Montag mit der Individualarbeit. Ihr Sinn war es, die Mitglieder der Gemeinschaft körperlich und geistig fit zu erhalten, ihre Fähigkeiten zu bewahren, ihr Wissen zu erneuern, sie über die politischen Programme auf dem laufenden zu halten. Besonders wichtig war die psychogene Reinigung, das Training in Selbstbeherrschung und Flexibilität, die Übungen, die es ihnen ermöglichten, jede psychologische Fehlentwicklung im Keim zu ersticken, Fehler zu beseitigen, ehe sie entstanden waren. Das Verhalten in der Gemeinschaft war ein wesentlicher Punkt und ebenso die Motivation, die zu einem positiven Sozialverhalten führte. Fehlorientierungen wie Individualismus oder egozentrische Einstellungen wurden schonungslos aufgedeckt; dazu diente das Psychotraining, die Gemeinschaftsarbeit in der Gruppe, die Fragen- und Antwort-Spiele, bei denen es sich sofort erwies, wenn irgendjemand zum Egoismus neigte, individuellen Gedankengängen nachging, emotionale Erlebnisse für sich behalten wollte und so fort. Der Leiter von Bens Psychogruppe war Bengt Haman.

Jede Stunde dauerte vierzig Minuten; das restliche Drittel war nötig, um sich die Fragebogen, Magnetschriftgriffel, Abdeckschablonen für die Unterrichtsprogramme und so weiter abzuholen.

An diesem Vormittag drängte sich Ben rücksichtslos vor, und es gelang ihm, die unvermeidlichen Formalitäten in wenigen Minuten zu erledigen. Er hatte sein Ziel, die eigene Vergangenheit zu entschleiern, keineswegs aufgegeben und versuchte es nun auf andere Art; es gab auch einen offiziellen Weg.

Obwohl es ihm unangenehm war, sich bei Bengt anzubiedern, war es ihm bisher nicht erspart geblieben, und auch in Zukunft würde es nicht anders sein.

»Ich hatte einen Ypsilon-minus-Fall«, berichtete er. »Ich habe dafür eine Prämie von vierundsechzig Punkten bekommen, und der Chef der Abteilung hat mir Glück gewünscht. Ich freue mich sehr darüber. Ich bin mir aber nicht darüber im klaren, ob das nicht ein Zeichen von Einbildung oder Stolz ist. Was soll ich dagegen tun?«

Bengt sah ihn mit der Miene ungetrübter Zuneigung an, die er stets im Gespräch mit den ihm anvertrauten Mitgliedern zeigte. »Nun«, sagte er, »da hast du ja einen schönen Erfolg aufzuweisen. Und dieser Erfolg ist deiner fleißigen Arbeit im Dienste der Gemeinschaft zuzuschreiben. Du bist im Recht, wenn du dich darüber freust. Oder hast du den Eindruck, jetzt etwas Besseres als deine Kollegen zu sein?«

Ben schüttelte den Kopf . . . »Natürlich nicht. Ich weiß genau, daß die meisten anderen ihre Aufgaben ebenso gut erledigt hätten wie ich – sie hatten nur keine Chance dazu. Und trotzdem: Sie alle freuen sich mit mir, so wie ich mich mit ihnen gefreut hätte, wenn sie dasselbe Glück gehabt hätten. Aber eines schließt eben das andere aus – letztlich habe doch nur ich allein eine Prämie bekommen, und so angenehm mir das ist, so fühle ich mich dadurch doch ein wenig von den anderen getrennt.«

Der Psychiater runzelte nur kurz die Stirn, dann strahlte er wieder Zuversicht und Sicherheit aus. »Es ist ein gutes Zeichen, daß du dir Gedanken darüber machst, und gerade das beweist mir, daß keine Gefahr besteht. Trotzdem will ich dir einige psychogen wirksame Sätze aufschreiben, die du in deiner Freizeit aufsagen oder denken kannst – sie werden dir helfen, dein Problem zu überwinden. Die Belobigung soll dir ein Anlaß dafür sein, dich bei deiner Arbeit künftighin eher noch eifriger einzusetzen.«

»Gewiß«, antwortete Ben. »Das ist auch einer der Gründe dafür, daß ich Sie sprechen wollte. Man hat mir angekündigt, daß ich einen Lehrgang für Psychoprogrammierung mitmachen soll. Ich habe nun versucht, mir alles, was ich seinerzeit darüber gelernt habe, in Erinnerung zu rufen, aber ich habe festgestellt, daß einiges davon verblaßt ist. Aus diesen Grund möchte ich einen Antrag auf Reaktivierung von Gedächtnisstoff stellen. Ich wollte Sie bitten, diesen Antrag zu unterstützen.«

Wieder runzelte Bengt die Stirn, diesmal nachhaltiger als zuvor. »Reaktivierung von Gedächtnisstoff? Wieso ist dir diese Möglichkeit bekannt?« Er blickte Ben forschend an, dann legte er ihm die Hand wie entschuldigend auf die Schulter. »Ach ja, du bist ja Rechercheur; hast vielleicht selbst schon von diesem Mittel Gebrauch machen lassen. Nun gut, wenn es einem guten Zweck dient ... ich werde deinen Antrag unterstützen.«

Er nickte Ben zu und trat zum Schaltpult des Unterrichtscomputers, von dem aus er seinen Kurs steuerte. Das Glockenzeichen zum Beginn war bereits erklungen, und bald war der Raum von den Stimmen der Gruppenmitglieder gefüllt, die in üblicher Weise mit geistigen Lockerungsübungen begannen: »Wir sind eine fröhliche und zuversichtliche Gemeinschaft.«

»Jeder von uns ist für den anderen da.«
»Wir haben keine Geheimnisse voreinander.«
»Unser Denken ist frei und ungezwungen.«
»Wir haben nichts voreinander zu verbergen.«
»Wir sind Mitglieder der Freien Gesellschaft.«

Liederbuch des Psychotrainings – Auszug aus dem Register »Liebe zum Staat«

Wir sind glückliche Menschen!
Wir sind zufriedene Bürger!
Wir leben in der besten aller Welten!
Wir leben im perfekten Staat!
Unser Staat – das sind wir selbst.
Unser Staat – er sorgt für uns
– er schützt uns
– er bewahrt uns vor Krankheit
– er bewahrt uns vor Not
– er macht uns zu glücklichen Menschen.
Wir gehören zueinander.
Wir gehören unserem Staat.
Einer ist für alle da.
Jeder hilft jedem.

Wir fühlen uns geborgen!
Niemand hat Zweifel!
Niemand hat Sorgen!
Niemand hat Angst!

Unser Leben verläuft auf ruhigen Bahnen.
Unser Schicksal ist geplant.
Unser Leben ist gesichert.
Wir leben das beste aller Leben.
Wir sind glückliche Menschen
– frei von Sorgen
– frei von Zweifeln
– frei von Not.

Und die Freiheit ist unser Leben
– und unser Leben ist unser Glück
– und unser Glück ist unser Staat.

5.

Als Ben am Nachmittag sein Programm aufrief, wurde eine Ergänzung eingespielt: 33-78568700-16 R hat einen Antrag auf Reaktivierung von Gedächtnisstoff gestellt, der abgelehnt wurde.

Ben hatte selbst noch nichts von der Ablehnung erfahren, und es traf ihn ein wenig unerwartet, daß er nun auf diesem Weg Antwort erhielt. Es zeigte ihm aber, daß es noch einige Maschen im Netz der Kontrolle gab, die ihm unbekannt waren, und daß er vorsichtig sein mußte.

Eigentlich sollte er diese Meldung codifizieren und validieren und in die Statistik einbringen. Das wäre der erste Schönheitsfehler in der Qualifikationstabelle gewesen. Irgendetwas ließ ihn zögern, und kurzentschlossen spielte er dieses Item in den Zwischenspeicher ein.

Noch immer bewegte ihn die Tatsache der drei verlorenen Jahre, und er konnte nicht mehr unterscheiden, ob dieses Interesse dienstlicher oder privater Natur war. Da er selbst als Informationsquelle unbrauchbar war, bestand vielleicht die Möglichkeit, dem Rätsel über andere Personen näher zu kommen. Er rief das Kontaktregister ab, aber, wie er erwartet hatte, war es wenig aufschlußreich: In der betreffenden Zeit tauchte keine einzige neue Person des persönlichen Bekanntenkreises auf. Er war aber schon lange genug in diesem Beruf, um stets auch über andere Wege informiert zu sein, wenn die naheliegenden nicht zum Ziel führten. Wenn Recherchen von seiner Seite aus unergiebig waren, so konnte sich vielleicht von der Gegenseite aus etwas feststellen lassen. Oder anders ausgedrückt: Gab es Kontaktpersonen, die man in seinem Register gelöscht hatte, so mußte er doch selbst in den Kontaktregistern der betreffenden Personen auftauchen. Das bedeutete freilich eine immense Rechenarbeit, doch wenn er ein time-sharing-Programm mit fingierten Zwischenfragen anwandte, konnte er unter der bewilligungsfreien Ablaufzeit bleiben.

Der Computer rechnete dreiundfünfzig Minuten, zwanzig Sekunden und sechsundneunzig hundertstel Sekunden; dann lagen die Namen vor:

Jonathan Vauman – 63-10796950-17 V,

Barbara Teman – 11-64911430-12 T,

Hardy Weman – 14-5566850-19 W.

So sinnlos es erschien, so bemühte sich Ben dennoch, mit Hilfe dieser Namen Assoziationen in seinem Gehirn auszulösen. Irgendetwas sprachen sie in ihm an, irgendwie kamen sie ihm bekannt, vertraut vor. Aber was davon war Wahrheit, was Einbildung? Namen wie tausend andere, Kennzahlen, die dem Eingeweihten Information über genetische Konditionierung, die Klon-Gruppe, den Wohndistrikt, die Qualifikationsordnung und die soziale Wertigkeit gaben, und die doch nichts darüber sagten, wer dahintersteckte – eine Person, die lebte, handelte, dachte, empfand, ein Mensch, der anderen Sympathien und Antipathien entgegenbringt, der sich Ziele setzt, sie verfolgt, sie erreicht oder verfehlt. Welche Intentionen verbanden ihn mit jenen, die sich hinter den Namen Jonathan, Barbara und Hardy verbargen? Sie steckten irgendwo in dieser Stadt, sie hatten Aufgaben und Pflichten wie er, aber sie hatten etwas, was er nicht mehr besaß: Erinnerungen an eine für ihn verlorene Zeit – so hoffte er wenigstens.

Erst allmählich wurde ihm klar, was diese drei Zeilen von Leuchtbuchstaben bedeuteten. Sie waren nicht mehr und nicht weniger als der Beweis dafür, daß er keinem Phantom nachjagte, daß es in seinem Leben tatsächlich etwas gab, das von irgendeiner Instanz ausgelöscht wurde. Die Vermutung lag nahe, daß die Prüfung, die nun seine Aufgabe war, mit diesen Ereignissen zusammenhing. Er hatte noch gar nicht so recht daran geglaubt, daß irgendetwas aus seiner Vergangenheit plötzlich Gestalt annehmen könnte, und nun war es geschehen. Für ihn bestand nicht der geringste Zweifel, daß er alles an Information herausholen mußte, das aus diesen Personen herauszuholen war.

Es geschah zwar selten, aber es kam vor, daß für die Bearbeitung eines Falles Feldarbeit nötig war. Bei diesem Stand seiner Untersuchung gab es daran keinen Zweifel – Ben legte sich immer wieder die Frage vor, ob er ebenso handeln würde, wenn es um die Qualifikation eines Fremden ginge, und das traf hier zweifellos zu. Insgeheim war er längst dazu entschlossen, alle Mittel einzusetzen, die erlaubten und die unerlaubten, um sein Ziel zu erreichen, doch durfte er keinen Verdacht erregen, und so war es wichtig, sich genau so zu verhalten, wie das den Vorschriften und Richtlinien entsprach.

Selbstverständlich hatte sich Ben die Akten der Kontaktpersonen vorgenommen, sich alle Daten, Register, Testergebnisse und Untersuchungsprotokolle aufrufen lassen, und so wußte er alles, was über sie bekannt war – wahrscheinlich mehr, als sie selbst über sich wußten. In diesen Daten waren die gesamte Persönlichkeit und deren Lebenslauf protokolliert; der Meinung des Dozenten für Deskription und Dokumentation gemäß gab es darüberhinaus nichts, was des Festhaltens wert gewesen wäre. Die Einsicht in die Protokolle lieferte ein besseres Persönlichkeitsbild als eine Gegenüberstellung oder Untersuchung. Wie aber jeder Rechercheur wußte, gab es Ausnahmen von der Regel, und auch in diesem Fall fand Ben diese Erfahrung bestätigt. Denn so intensiv er sich auch mit den Daten beschäftigte – er fand nicht den geringsten Hinweis darauf, in welcher Beziehung er zu den verdächtigen Personen gestanden hatte. In den Listen waren lediglich die Daten der Zusammenkünfte vermerkt, aber alle weiteren Fragen blieben unbeantwortet. Vielleicht lag – wie es manche vermuteten – hier ein Fehler im System, vielleicht hätte man die Kontrolle auch auf den Inhalt von Gesprächen, das Verhalten während des Kontakts, die emotionalen Regungen und so fort erstrecken sollen und sich nicht nur auf die Statistik verlassen! Andererseits war einzusehen, daß diese immense Mehrarbeit nur wenig Gewinn bringen würde: eben nur in jenen Ausnahmefällen, in denen echte Abweichungen von der Norm auftraten. Aber waren nicht gerade das jene Fälle, denen ihre ganze Arbeit galt?

Richtlinien zur Persönlichkeitsveränderung

Das uns aus archaischen Zeiten überantwortete Menschenmaterial ist in vieler Hinsicht fehlerhaft und der Funktion des perfekten Staatswesens noch nicht völlig adaptiert. Relativ einfach ist die Anpassung des Nachwuchses; hier liegt die Schwierigkeit vor allem in genetischen Mängeln, die bei der Überprüfung übersehen wurden (die Methoden sind noch nicht perfektioniert) bzw. durch Mutationen (die man bisher noch nicht völlig ausschalten kann) entstanden sind. Abweichungen dieser Art werden aber im Laufe der verschiedenen Testreihen relativ frühzeitig entdeckt, so daß es möglich ist, Anpassungen durch eine gezielte medikamentöse Therapie oder durch chirurgische Eingriffe zu beheben. Nur in wenigen Fällen erweist sich eine völlige Löschung der Persönlichkeit als erforderlich.

Das größte Problem ergibt sich bei jenen Individuen, die schon vor der Stunde Null das Erwachsenenstadium erreicht hatten. Zwar gelingt es in den meisten Fällen, die irritierenden Erinnerungen an diese Zeit zu löschen, so daß eine völlige Konzentration auf unser Staatssystem möglich ist, doch ergeben sich immer wieder Rückfälle – plötzlich auftauchende Erinnerungen, die Wiederaufnahme archaischer Handlungsweisen, der Ausbruch unerwünschter und unpassender Gefühlsregungen.

Da Vorkommnisse dieser Art nicht nur das Staatsgefüge stören, sondern auch eine schwere nervliche Belastung der Betroffenen mit sich bringen, hat unser Staat Vorsorge getroffen, diesen Erscheinungen möglichst frühzeitig entgegenzutreten. Normalerweise kommt man mit einer allgemeinen Absenkung des Aktivitätspegels aus, wodurch auch meist der Anreiz zur Aktivierung vergrabener Gedächtnisinhalte wegfällt. Gelegentlich werden aber auch hartnäckige Fälle beobachtet – Menschen, in denen ohne erkennbaren Grund umfassende Erinnerungsbilder lebendig werden. Der Betroffene gerät in einen pathologischen Zustand, dessen Symptome gut bekannt sind: motorische Unruhe, Aggressionen, Unzufriedenheit bis zum Verfolgungswahn, Betätigung als Querulant und Saboteur, Wahnvorstellungen. Unter Umständen können Menschen, die von dieser Krankheit befallen sind, auch destruktiv in unser Sozialgefüge eingreifen; indem sie aktivierte Traumbilder und Halluzinationen mit der Realität von heute in Verbindung bringen und Vorstellungen dieser Art als Imperative nehmen, bringen sie Fehlinformationen in Umlauf und initiieren Mißtrauen und Zweifel in ihren Kontaktpersonen.

Kranke dieser Art sind als Sonderfälle zu behandeln; es geht zunächst darum, den Ursachen ihres Zustandes auf die Spur zu kommen. Die einschlägigen Nachforschungen erfolgen in Zusammenarbeit mit dem Institut für prähistorische Forschungen; auf diese Weise gelingt es, zwischen den Schreckensbildern der Vergangenheit und den im Patienten neu auftretenden Wahnbildern zu unterscheiden. Zur Therapie sind die bekannten psychologischen, medikamentösen und mikrogehirnchirurgischen Mittel anzuwenden. Meist ist eine Linderung nur durch eine Kombinationstherapie zu erreichen; es geht dabei nicht nur darum, den Patienten wieder in ruhigen Zustand zu versetzen und in die Gesellschaft einzugliedern, als vielmehr auch um eine Löschung der störenden Gedächtnisinhalte. Als Methode der Wahl hat sich dabei die Persönlichkeitsveränderung erwiesen. Die durch den Gedächtnisschock erzielten partiellen Erinnerungslücken werden durch synthetische Inhalte ersetzt. Es bedarf dabei einer Zusammenarbeit zwischen Individualpsychologen, Medizinern und Historikern, um plausible Verbindungen mit den geschichtlichen Abläufen sowie logische Anschlüsse an die Gegenwart zu erreichen. Am besten empfiehlt es sich, unauffällige Lebensläufe zusammenzustellen, die etwa dem repräsentativen Querschnitt eines Durchschnittsbürgers entsprechen. Obwohl auf diese Weise meist hundertprozentige Heilerfolge erzielt werden, sollten die betroffenen Patienten doch über Jahre hinweg unter Beobachtung gestellt bleiben.

6.

Ben hatte einige Zeit gezögert, ehe er sich entschied, wen er zu erst aufsuchen sollte: Jonathan, Barbara oder Hardy. Von vornherein stand fest, daß es sich um unangenehme Stunden handeln würde – schon aufgrund des Milieus, in dem sich diese Personen aufhielten. Es waren Angehörige niedriger Kategorien, Menschen, bei denen die Angleichung an den Idealtyp eines Mitglieds der Freien Gesellschaft nicht völlig gelungen war. Und wenn in ihrem Staat auch alle Menschen frei und gleichberechtigt waren, so blickten doch viele auf die unteren Klassen herab, bedauerten sie, ekelten sich vor ihnen und empfanden doch auch eine Spur von Neid darüber, daß man auch Staatsbürger sein konnte, ohne stets sauber gewaschen und gekämmt, peinlich korrekt gekleidet, freimütig und höflich zu sein. Daß man Staatsbürger sein konnte ohne täglichen Psychounterricht, ohne Übungen in vergleichender Geschichte, ohne meditative Gymnastik ... Und so war Bens Exkursion in diesen Teil der Stadt zugleich der Vorstoß in ein fremdartiges Gelände, in dem er sich unsicher und gehemmt fühlte.

Das, was ihn am meisten erstaunt hatte, war das Auftauchen eines Mädchens als Kontaktperson. Er konnte sich nicht vorstellen, je Kontakt mit einem weiblichen Wesen gehabt zu haben, und schon gar nicht privaten Kontakt, der nicht nur verboten, sondern aus einem gesundem Empfinden heraus einfach undenkbar war. Freilich hatte er von Zeiten der Barbarei gehört, in denen Männer und Frauen zusammengelebt haben sollten, und es gab auch Gerüchte über ärgere Dinge – Perversionen, die kaum vorstellbar und geschweigedenn auszusprechen waren. Aber, falls in diesen Geschichten ein Kern von Wahrheit steckte, so war diese Phase der menschlichen Entwicklung vorbei, und es würde keinem Staatsbürger mehr einfallen, freiwillig die Gesellschaft eines Angehörigen des anderen Geschlechts zu suchen.

Aus diesem Grund war die Begegnung mit Barbara auch jener Teil seiner Aufgabe, vor dem er am meisten zurückschreckte.

Andererseits aber, obwohl sich in seinen Erinnerungen auch mit dem Namen Barbara nichts verband, fühlte er doch eine seltsame Unruhe, seit er in Leuchtbuchstaben auf dem Bildschirm erschienen war, und vielleicht war das der Grund dafür, daß er seine Aversionen überwand und sich Barbara zuerst vornehmen wollte.

Obwohl es vielleicht aufschlußreicher gewesen wäre, sie in ihrem Zellenblock aufzusuchen, erschien ihm der Besuch ihrer Arbeitsstätte weniger peinlich, und so meldete er sich bei der Betriebsleitung der Kunststoffverarbeitungsfabrik an, in der Barbara beschäftigt war. Offenbar erschienen hier selten Personen der mittleren Kategorien, und vielleicht war das der Grund, daß man Ben eine Moderatorin als Begleiterin zuwies, die offenbar einen relativ hohen Rang bekleidete. Sie schien allerdings mehr auf Firmenbesichtigungen eingestellt zu sein, und so mußte sich Ben lange Vorträge über Schmelzen, Lösen, Fällen, Verschäumen und Verhärten von Plastikmaterialien anhören; er konnte nicht entscheiden, ob es echte Begeisterung war, der der Redefluß der Frau entsprang, oder ob es sich um die übliche Art der Betreuung von Besuchern handelte. Er hörte auch kaum auf das hin, was ihm mitgeteilt wurde – nicht nur, weil es ihn nicht interessierte, sondern weil ihn das Zusammensein mit einem weiblichen Wesen weitaus mehr irritierte, als er sich anmerken lassen und auch sich selbst eingestehen wollte. Er blickte sie von der Seite an: Sie trug einen weißen Overall, wie er auch bei den Männern üblich war, aber wie abstoßend waren die Wölbungen an ihrer Brust, die runden Formen der Hüften und Oberschenkel! – selbst ihre schrille Stimme ließ ihn insgeheim schaudern.

Nachdem sie sich gegen seinen Willen – doch er versäumte, dagegen zu protestieren – längere Zeit in einer Abteilung für die Fertigung von Sonnenbrillen und in einer anderen, in der Badeschwämme erzeugt wurden, aufgehalten hatten, betraten sie endlich die Halle, in der sich Barbaras Arbeitsplatz befand.

»Hier arbeiten tausendeinhundertzwölf Mädchen«, berich-

tete die Moderatorin. »Es ist ein halbautomatischer Betrieb –
selbstverständlich könnte man ihn auch vollcomputerisieren,
doch vorderhand haben wir in unserem Betrieb keine Verwendung für die Arbeitskräfte, die dadurch frei würden. Doch ist es
schließlich nicht gleichgültig, auf welchem Weg wir unser Ziel
erreichen?« Sie lächelte ihn beifallheischend an, und diese An-
biederung war Ben so unangenehm, daß er seine Schritte beschleunigte, um einen möglichst großen Abstand zwischen sie
und sich zu bringen. Doch eilte sie ihm mit schleifenden Schritten nach und redete ununterbrochen weiter: »Dort drüben wird
das Polymerisationsmaterial in Form kleiner Kügelchen ange-
liefert. Es kommt in die Schmelzanlage . . .«

In der Luft lag ein scharfer Geruch nach organischen Lö-
sungsmitteln, Bens Augen tränten, seine Lider röteten sich. Um
ihn herum, in Reihen geordnet, waren Anlagen aufgebaut, die
ihm unerklärlich und gefährlich vorkamen; es war geradezu
Sehnsucht, die er empfand, als er einen Augenblick lang an die
kühle Klarheit seiner Computerzentrale dachte.

»Hier ist das Förderband für die Erzeugung von Plastikfla-
schen – in den Größenordnungen 5 bis 7. Dort wird die Kunststoffmasse zu Flächen gewalzt, dort drüben in einem Wirbelfeld
erhitzt und hier . . .«, sie zerrte Ben am Ärmel, »werden die
Rohformen gepreßt. Es folgt eine weitere Phase der Erhitzung
– die endgültige Form der Flaschen kommt durch Einblasen
von Luft zustande . . .«

Ben hatte das Gefühl, in die Irre zu laufen. Er blieb stehen und
fragte: »Sind wir bald da?« Er mußte husten und zog ein Papiertaschentuch heraus.

»Nur ein paar Schritte. Gleich sind wir in der Bläserei, eine
verantwortungsvolle Arbeit, eine Arbeit, die Konzentration
und Fingerspitzengefühl erfordert . . .«

Plötzlich war die Moderatorin verstummt, Ben blickte sich um
und sah, daß sie stehengeblieben war, offenbar ein wenig außer
Atem, dann aber wies sie auf das Mädchen, das unmittelbar neben ihr auf einem dreibeinigen Schemel saß. Es wandte ihnen
den Rücken zu, drehte sich aber sofort um, als Ben nähertrat

... und so kam es, daß ihn dieses Zusammentreffen, auf das er sich längst innerlich vorbereitet hatte, doch überraschend traf, und daß er im ersten Moment so verlegen war, daß er keine Worte fand. Er sah den grauen Arbeitskittel, unter dem die weibliche Gestalt kaum zu erkennen war, er blickte in ein blasses, ein wenig flaches Gesicht – eine kurze, eine Spur aufgebogene Nase, Augen, deren Farbe in den Protokollen als graugrün DIN 62/3 gekennzeichnet war; erst jetzt sah er, was das bedeutete ...

Die Moderatorin befahl dem Mädchen aufzustehen. »Am besten, wir unterhalten uns dort drüben im Lagerraum – da ist es etwas stiller.«

Sie gingen nebeneinander her, eine Gelegenheit für Ben, sich zu sammeln – und das Mädchen zu mustern. Im Profil sah sie ganz nett aus, vielleicht ein wenig weich, aber das fand man bei vielen Frauen. Ihr Haar war kurz geschnitten, wie es heute allgemein vorgeschrieben war, und doch sah es ungewöhnlich aus, etwas struppig ... so, als wäre es mit einer Schere geschnitten und nicht vom Frisierautomaten gestutzt. Vielleicht war es dieses Haar, vielleicht auch die aufgeworfene Nase oder die vorspringenden Lippen, die dem Mädchen einen Hauch von Wildheit verliehen – so sanft sie auch sonst aussehen mochte. Wenn er aber die anderen Personen ansah, die die Arbeitsplätze bevölkerten, so mußte er sich eingestehen, daß Barbaras Züge dagegen geradezu ebenmäßig waren. Hier gab es somatische Abweichungen, die ihm geradezu krankhaft erschienen: schiefstehende Zähne, narbige Haut, Brauen, über der Nasenwurzel zusammengewachsen, sogar einige Leute mit Brillen waren dabei. Einen Moment lang hatte er das Gefühl, daß sich alle diese Mädchen und Frauen nach ihm umdrehen könnten, sich langsam von ihren Plätzen erheben, ihm den Weg versperren, ihn in eine Ecke drängen und irgend etwas Unvorstellbares mit ihm machen könnten ...

Sie betraten den Lagerraum, und Ben atmete auf.

»Sie können Ihre Fragen stellen«, forderte ihn die Moderatorin auf, als er einige Sekunden lang schwieg.

Ben deutete auf einige Hocker. »Setzen wir uns!«, schlug er vor.

Er hatte sich eine Menge Fragen zurechtgelegt, und er begann sie zu stellen. Kenndaten, Ausbildung, beruflicher Werdegang. Die Ergebnisse der letzten Zwischenprüfung, des letzten psychologischen Tests. Einige Fragen über das Grundgesetz, die letzten Sozialprogramme.

Er hatte sein Notizbuch herausgezogen und verglich die Antworten mit den Daten. Das meiste stimmte, und wo es keine Übereinstimmung gab, hatte das wenig Bedeutung, denn selbstverständlich war er besser informiert als sie – schließlich standen ihm das gesamte Kontrollsystem, alle gespeicherten Daten zur Verfügung.

In Wirklichkeit diente ihm die Befragung nur dazu, sich einen ersten Eindruck zu verschaffen, sich selbst zu fragen, ob sich nun in seiner eigenen Erinnerung etwas rührte, ob er irgendein Anzeichen des Wiedererkennens bemerken würde ...

Er hatte dieses Mädchen nie gesehen. Bisher hatte er sich heimlich davor gefürchtet, daß dieser Kontakt irgendeinen Abgrund in ihm öffnen könnte, daß ihn vielleicht Dinge aus der Vergangenheit überkommen würden, die so gräßlich waren, daß er sie verdrängt hatte. Aber so war es nicht. So vollkommen und ausschließlich kann man nichts verdrängen: Barbara war ihm unbekannt.

Und wie verhielt sie sich?

Diese Frage war schwer zu beantworten, denn er wußte nicht, wie sich Frauen zu verhalten pflegen, und schon gar nicht solche der unteren Kategorien. Sahen solche Mädchen Männer immer so an wie sie ihn? War dieser Blick offen oder war er herausfordernd? War er unterwürfig oder lag darin der Versuch, ein geheimes Einverständnis zu erzielen?

Obwohl das nicht zu seinen Aufgaben gehörte, begann er mit einem psychologischen Assoziationstest. Das Mädchen verstand sicher nichts davon, und auch die Moderatorin konnte nicht wissen, daß er damit seine Kompetenzen überschritt.

»Hast du schon einmal das Gefühl gehabt zu schweben?«

»Welche Empfindungen hast du, wenn du eine beschmutzte Fahne siehst?«

»Könntest du der Moderatorin Haßgefühle entgegenbringen?«

»Wärst du fähig, dich einem Befehl zu widersetzen?«

Ben machte eifrig Notizen, doch auch das diente nur dem Schein. Es war Tarnung – für das, was er eigentlich fragen wollte: »Gibt es Dinge, die du einem Rechercheur nicht sagen würdest?«

»Was für Gedanken hattest du, als ich vor dir stand?«

»Erinnert dich diese Situation an etwas, das du schon erlebt hast?«

»Hast du das Gefühl, mich schon einmal gesehen zu haben?«

Das Mädchen antwortete ohne Zögern, leise, aber durchaus verständlich. Und sie ließ auch bei den Antworten auf die letzten Fragen keinerlei Unsicherheit erkennen. Und doch waren Bens Zweifel nicht beschwichtigt. Diese grüngrauen Augen blickten ihn unverwandt an, und obwohl das unter diesen Umständen selbstverständlich war, fragte sich Ben, ob nicht ganz andere Worte dahinterstecken könnten, beispielsweise: Ja, ich erinnere mich . . . weißt du noch, damals . . . du kannst mich doch nicht vergessen haben?

Die Moderatorin räusperte sich, und er merkte, daß er einige Zeit unbewegt in sein Notizbuch gestarrt hatte, ohne die hingekritzelten Zahlen und Worte zu erkennen. Er stand auf. »Das wär's.«

Sie standen einen Moment lang unschlüssig nebeneinander, und dann reichte Ben Barbara die Hand und erkannte im selben Augenblick, daß dieses Benehmen unpassend und unüblich war. Aber er konnte seine spontane Geste nicht ungeschehen machen, und so lag die Hand des Mädchens einen langen Atemzug lang in seiner, und er spürte einen leisen Druck, warm und sanft, der wieder alle Zweifel in ihm aufriß, die schon halb beseitigt worden waren . . .

Er drehte sich abrupt um und ging weg, unbekümmert darum, ob ihm die Moderatorin folgte oder nicht.

Erst als er in der Schwebebahn saß, fand er eine Erklärung dafür, wieso ihm Barbara – eine Fremde – doch irgendwie bekannt und vertraut vorkommen konnte: Sie wies verblüffende Ähnlichkeit mit Blondy, seiner Schlafpuppe, auf.

Katalog der Punktewertung individualpsychologischer Qualifikationen

	−3	−2	−1	0	+1	+2	+3
Ablenkbarkeit				x			
Anpassungsfähigkeit				x			
Altruismus							x
Auffassungsgabe					x		
Ausdauer			x				
Belastbarkeit			x				
Beharrlichkeit		x					
Beeinflußbarkeit					x		
Bescheidenheit						x	
Ehrlichkeit						x	
Einfühlungsvermögen					x		
Ehrgeiz			x				
Entschlußkraft		x					
Ermüdbarkeit					x		
Erregbarkeit		x					
Flexibilität				x			
Freigebigkeit			x				
Geduld					x		
Gehorsam							x
Gutmütigkeit						x	
Großmut			x				
Gedächtnis		x					
Humor			x				
Höflichkeit						x	
Intelligenz		x					
Konzentrationsfähigkeit			x				
Kritikfähigkeit	x						
Mut		x					
Naivität						x	
Offenheit						x	
Obrigkeitssinn							x
Pflichtgefühl							x
Risikobereitschaft		x					
Subordinationsvermögen							x

Sparsamkeit			x			
Schweigsamkeit		x				
Spontaneität		x				
Schutzbedürfnis						x
Stolz		x				
Toleranz	x					
Treue				x		
Vorstellungsgabe			x			
Verantwortungsbewußtsein			x			

7.

Es war nicht angeraten, die Exkursionen in das Viertel der unteren Klassen kurz aufeinander folgen zu lassen – selbst ein Rechercheur hätte damit Aufsehen erregen können. Aus diesem Grund arbeitete Ben weiter an den Statistiken, obwohl die Resultate keine brauchbaren Hinweise erbrachten.

Während der Sekunden, die der Computer brauchte, um komplizierte Relationsanalysen durchzuführen, grübelte er darüber nach, auf welche Weise er die Erinnerungen aktivieren könnte, die doch zweifellos in irgendeinem Winkel seines Gehirns schlummerten. Der offizielle Weg war ihm versagt, auch mit den üblichen Medikamenten und Drogen ließ sich die Schranke seines Gedächtnisses nicht durchbrechen, aber es gab noch einen anderen Weg, der allerdings wieder aus den gebahnten Bereichen seiner Sicherheit herausführte.

Die Rationierung der psychogenen Mittel verleitete immer wieder Personen dazu, sie sich auf unerlaubte Weise zu verschaffen. Insbesondere für jene Personen, die in den biochemischen und pharmazeutischen Fabriken arbeiteten, bedeutete ihr berufliches Wissen eine große Versuchung. Für diesen Personenkreis war es nicht schwer, die Verbote zu umgehen. Das einfachste Mittel war es noch, die übelkeitserregende Beimengung der genehmigten Präparate zu extrahieren und dadurch den Weg zu höheren Konzentrationen zu öffnen, die zu verschiedenartigen Rauschzuständen führten. Manche Biochemiker und Pharmazeuten hatten aber auch Zugang zu den Syntheseanlagen, die man trotz aller Sicherheitsvorkehrungen auch gelegentlich ein paar Minuten lang für nicht ganz saubere, private Zwecke mißbrauchen konnte. Wer klug war, nutzte all diese Möglichkeiten nur, um sich selbst ein paar Stunden der Schwerelosigkeit, der Gelöstheit, der inneren Einsicht, der Harmonie mit sich und seiner Welt zu verschaffen. Und doch fanden sich auch immer wieder Leute, die kleine Mengen ihrer Erzeugnisse gegen Punkte verkauften.

Am Abend, nach dem Nachtmahl, suchte Ben Rex Oman auf,

der stets informiert war, wenn es um Dinge ging, von denen man lieber nicht offen sprach.

Als Ben das Gespräch auf Drogen brachte, zeigte er plötzlich eine merkliche Zurückhaltung. »Wozu brauchst du das Zeug? Du willst mir doch nicht erzählen, daß du plötzlich Lust hast, dich zu besäuseln! Wenn ich dir helfen soll, dann mußt du mir schon sagen, um was es geht!«

Ben hatte schon vorher überlegt, ob er Rex ins Vertrauen ziehen sollte, aber dazu war das Problem, mit dem er zu tun hatte, zu schwerwiegend. Andererseits konnte er ihn auch nicht mit einer Ausrede zufriedenstellen. »Ich will es dir sagen«, meinte er, »doch du mußt mir versprechen, daß du es für dich behältst: Ich habe das Gefühl, daß es in meinem Leben eine Zeit gibt, die ich völlig vergessen habe. Ich möchte zu gern wissen, was damals geschehen ist.«

»Und warum gehst du nicht zu einem Psychiater? Warum stellst du keinen Antrag auf Reaktivierung von Gedächtnisstoff?«

»Das habe ich versucht, aber es wurde abgelehnt«, antwortete Ben.

»Vielleicht ein Psychoblock? Hast du schon an diese Möglichkeit gedacht? Vielleicht bist du Zeuge irgendeines Verbrechens geworden, und man will quälende Erinnerungen von dir fernhalten? So etwas kommt vor.«

»Gewiß, an so etwas habe ich auch gedacht. Aber was nützt es mir, wenn man mich schonen will: In der letzten Zeit bin ich in der Nacht immer wieder aufgewacht, mein Herz klopft, und es ist mir, als sei irgendetwas geschehen, das ich zu fassen versuche, und das mir im letzten Augenblick doch wieder entwischt. Ich halte diese Ungewißheit nicht mehr aus. Ich möchte wissen, was dahintersteckt – schrecklicher als meine Alpträume kann es auch nicht sein!«

Rex dachte eine Weile nach, dann sagte er: »Vielleicht hast du recht. Über solche Dinge kommt man am besten hinweg, wenn man sich ihrer klar bewußt wird. Doch ich verstehe nicht, daß die Psychiater nichts tun können ...«

»Willst du mir helfen?«

Rex sah sich nach allen Seiten um, dann flüsterte er: »Nun gut, wenn du mir versprichst, unter keinen Umständen meinen Namen zu sagen!? – Paß auf: Mit ein paar Portionen eines Stärkungsmittels für das Gedächtnis ist es nicht getan. Du brauchst einen Fachmann, der sich deiner annimmt ...«

»... und du könntest mir einen Fachmann empfehlen?«

»Hör zu: Du gehst an einem Freitagabend zwischen acht und zehn in den Waschraum des Radstadions, Block E. Du schließt dich in der Kabine ganz links ein und schiebst durch eine Ritze unter der linken Seitenwand deine Magnetkarte F. Wenn du Glück hast, wird jemand die Wand beiseiteklappen, und du kannst vorbringen, was du willst. Die Sache ist natürlich nicht billig.«

»Damit begebe ich mich doch in die Hand von irgendwelchen Gaunern ... warum gerade die Streckenkarte?«

»Die kriegst du zurück. Aber wenn du kein Vertrauen hast – wie kannst du es von der anderen Seite erwarten? Mach was du willst – ich hab dir den Tip gegeben. Aber vergiß nicht, was du versprochen hast: Ich will nichts mit der Sache zu tun haben, ich weiß von nichts!« Er nickte Ben kurz zu und ließ ihn allein.

Am Abend machte sich Ben auf den Weg zu Block E. Das Stadion war voll besetzt, und die Anfeuerungsrufe der Menge drangen dumpf bis in die inneren Regionen des Betonbaus – in die Heiz- und Kühlanlagen, in die Generatorräume, in die Funkstation, die Küchen und Kantinen, die Lagerhallen für Sportgeräte, die Kabinen, Bäder und Duschen, die Waschräume und Toiletten ...

Ben kannte das Stadion gut, aber in dessen innerem Teil war er zum ersten Mal. Es war ein Labyrinth, grau in grau, Betonwände, Stufen aus gestanztem Blech, endlose Gänge, vom grünen Licht der Radiumlampen nur trüb erhellt, gebogene Wände, die der Krümmung des Rundbaus folgten, und damit eine verzerrte Perspektive, die es schwer machte, sich zurechtzufinden.

Nur wenige Menschen begegneten ihm. Sie erschienen ihm

grau wie die Wände, lichtscheu, körperlos … Um so erstaunter war er, als er die Tür zu den Toiletten öffnete: Fast ein Dutzend Männer stand hier herum, und als er auf die erste Kabine links in der Reihe zugehen wollte, merkte er, daß sie besetzt war und daß einer davor stand, der auf Einlaß wartete, und daß sich hinter diesen ein anderer postiert hatte; es war eine Warteschlange, nicht so straff ausgerichtet wie vor den Türen und Schaltern, aber ebenso linear und beständig. Sie standen nur so herum, keineswegs dicht hintereinander, und doch wußte jeder von jedem, wer vor ihm an der Reihe war, und auch Ben merkte es sofort, wenn er sich dazwischenzustellen versuchte – er merkte es an einer leisen Unruhe, an ärgerlichen Mienen, an angedeuteten Gesten … Schließlich stand er hinten, in der Nähe des Ausgangs, wartete mit den anderen, versuchte sich hinter einem abweisenden Gesichtsausdruck zu verstecken …

Unauffällig musterte er die anderen … in dieser Gesellschaft fühlte er sich nicht wohl. Nicht daß die Wartenden ungewöhnlich ausgesehen, sich abnormal betragen hätten … und doch schien es ihm, als hätten sie irgendetwas zu verbergen, als stünden sie unter einer verborgenen Spannung, hielten sich mit Gewalt im Zaum – da wippte einer nervös mit dem Fuß, der andere drehte am Ärmelknopf seines Overalls, einer hatte ein nervöses Zucken im Auge, und einer kaute an der Unterlippe.

Ein Mann betrat den Raum, sah sich verblüfft um … die Wartenden machten unbeteiligte Gesichter, aber alle beobachteten ihn aus den Augenwinkeln heraus, und Ben folgte unwillkürlich ihrem Beispiel – und merkte, daß er, obwohl er kein einziges Wort mit einem von ihnen gesprochen hatte, nun doch zu ihnen gehörte. Und wenn irgendetwas schief ging, wenn plötzlich ein Trupp von Schutzbeamten hereinstürzte und sie alle festnahm, dann würde er Tage und Wochen mit ihnen verbringen und keine Beweise dafür haben, daß er zum ersten Mal hier war, daß noch nichts Gesetzwidriges geschehen war.

Der Mann ordnete seine Kleidung und verließ den Raum. Und endlich öffnete sich auch die Tür der Kabine links und der nächste trat ein …

Es dauerte nahezu eine Stunde, bis sich die Tür vor Ben öffnete und er mit dem Gefühl höchsten Unbehagens den winzigen Raum betrat. Er achtete darauf, daß die Tür gut hinter ihm verschlossen war, zögerte einen Moment und steckte dann, wie es ihm Rex empfohlen hatte, seine Streckenkarte F durch die Ritze, die er tatsächlich knapp über dem Boden der linken Seite fand. Und dann klappte die Wand auf, und als er stehen blieb, griff eine magere Hand nach ihm und zog ihn durch den Spalt.

Er befand sich in einem schmalen, nahezu leeren Raum mit schiefstehender Decke – offenbar nichts anderes als eine freigebliebene Nische unterhalb der Besucherränge. Fünf nebeneinander angeordnete Radiumlampen spendeten ein gespenstisches Licht und ließen die Gestalt, die nun vor Ben stand, um so unheimlicher erscheinen.

»Was soll's sein?« fragte eine heisere Stimme, und als Ben nicht gleich antwortete, fuhr sie fort: »Bist du zum erstenmal hier? Wer hat dich hergeschickt?«

Der Mann musterte ihn mißtrauisch und kam dazu unangenehm dicht an ihn heran. Er war alt, mager, ausgezehrt, die Kleider hingen an seinem Körper wie an einem Skelett. Die Augen saßen tief in den Höhlen, und sie waren voll Mißtrauen.

»Also sag schon, was du willst. Willst du Farben sehen oder die Engel singen hören? Willst du einen Trip in eine andere Welt machen? Willst du für eine Stunde der Teufel sein – oder Gott?« Er kramte in einem Haufen durcheinanderliegender Schachteln, zog eine Ampulle heraus, hob eine Spritze auf . . . »Du weißt nicht, was du wählen sollst? Soll ich dir raten? Nimm das: zwei Stunden Träume. Du wirst nicht enttäuscht sein . . .«

»Wer bist du?« fragte Ben. Er merkte jetzt die Angst des anderen, der ihn möglichst schnell loswerden wollte. »Bist du wirklich Psychologe? Oder bloß ein Chemiker, der aus Abfällen miese Lösungen zusammenmischt?«

Die Hand des anderen zitterte. »Willst du mich reinlegen? Bist du vom Schutzdienst?«

»Gib Antwort!« herrschte ihn Ben an.

»Um des Friedens willen: leise!« Der Alte nahm eine unterwürfige Haltung an. »Ich bin Psychologe, habe eine volle Ausbildung. Man hat mich nur rückgestuft – es war nicht meine Schuld ...«

»Kannst du einen Gedächtnisblock aufheben? Hast du die Mittel für eine Reaktivierung – was gibt es da zu überlegen: ja oder nein?«

Der Alte wich bis zur Wand zurück. »Laß mich in Ruhe! Mit solchen Dingen will ich nichts zu tun haben. Ein paar Drogen, ein paar Aufputschpillen – die sind harmlos. Manche Menschen brauchen sie. Ich gebe sie ihnen. Das ist alles ... politische Dinge kümmern mich nicht – ich arbeite nicht gegen die Regierung, ich arbeite nicht gegen den Staat!«

Ben trat einen Schritt näher. Er war die Autorität, und der andere würde gehorchen – so wie sie alle es gelernt hatten: sich dem überlegenen Willen der Höhergestellten zu beugen.

»Verlier keine Zeit! Fang an!«

»Dafür bin ich nicht ausgerüstet! Wie kann ich ...«

Bens Stimme wurde ungeduldig: »Ich glaube, du bist ganz gut ausgerüstet!« Er trat an den Tisch, hob einige Schächtelchen auf, zog Ampullen heraus, ließ sie fallen ...

»Vorsicht!« rief der Alte.

»Also ...«

Jetzt änderte sich das Benehmen des Mannes. »Das kostet aber eine Menge! Von deiner Streckenkarte wird nicht viel übrigbleiben!«

Ben war das gleichgültig. Er hatte noch genügend Prämienpunkte, um sich eine neue Streckenkarte zu leisten. Raffiniert übrigens, sich durch Fahrkarten honorieren zu lassen; sie ließen sich überall wieder gegen Punkte umtauschen, und das ohne Registrierung!

Der Alte zog eine Ampulle aus einer Schachtel, holte die Injektionsspritze ... er zog die klare Flüssigkeit auf ... Während er sie in die Vene einfließen ließ, sagte er: »Es wird in ungefähr zwanzig Minuten zu wirken anfangen. Verschwinde und schau, daß du möglichst weit von hier wegkommst. Verkriech dich irgendwo, und glaub nicht, daß du mich reinlegen kannst. Ich bin das letzte Mal hiergewesen. Du gehst erst nach mir hinaus – nach einer Minute.«

»Gib mir noch zwei von diesen Ampullen«, befahl Ben und streckte die Hand aus. Der Alte warf ihm einen haßerfüllten Blick zu, doch dann kramte er im Haufen seiner Schachteln, suchte zwei davon heraus und reichte sie Ben. Den Rest raffte er hastig zusammen und schob ihn in einen Plastikbeutel, wie er für den Transport von Abfällen verwendet wurde. Er warf ihn über den Rücken, klappte die Wand auf und verschwand. Als Ben kurz danach heraustrat, stand er einem Dutzend Männer gegenüber, auf deren Gesichter Bestürzung gemalt war. Er sah nicht nach rechts und nicht nach links und ging hinaus.

Zunächst hatte Ben keine Angst vor dem Eingriff in sein Gedächtnis gehabt. Die Methode war längst klinisch erprobt, und sie wurde oft genug in Routinefällen angewandt, wenn es darum ging, vergessenen Wissensstoff wachzurufen. Das ersparte oft langwierige und mühsame Wiederholungskurse. Auch aus medizinischen oder psychiatrischen Gründen nahm man oft genug eine Aktivierung vor, und außerdem – was nicht allgemein bekannt war, was aber Ben sehr gut wußte – war sie auch ein Mittel der Rechtsprechung: beispielsweise, um Zeugenaussagen über länger zurückliegende Ereignisse zu verbessern. Ben hatte nie gehört, daß damit unangenehme Folgen, Schmerzen, Übelkeit oder dergleichen verbunden gewesen wären. Andererseits wußte er nicht, welches Medikament ihm der illegale Psychochemiker verabreicht hatte, und darum dachte er daran, sich während der Zeit seines somnambulen Zustands in irgendeinen Winkel zu verkriechen – nur aus dem Grund, nicht aufzufallen. Dann aber entschloß er sich doch, in seinen Block zurückzukehren; er konnte es gerade noch bis zum Beginn der Nachtruhe schaffen. Als er in seine Koje kroch, merkte er, daß sich sein Gesichtsfeld schon einzuengen begann, und so warf er sich samt den Kleidern aufs Bett, und in dem Augenblick versank die Wirklichkeit auch schon in einem diffusen Nebel von Bildern und Gestalten.

I.

Das Handgemenge war in vollem Gange. Den Polizisten war es gelungen, den Platz unmittelbar vor dem Eingang zum Bahnhof von Demonstranten zu säubern, doch die Menge drängte nach.

Wie immer waren es nur wenige, die sich auf tätliche Auseinandersetzungen einließen. Einige von ihnen hatten sich mit Helmen zu schützen versucht und entgingen so den gefährlichen Stockschlägen auf den Kopf. Die übrigen hatten wenig Chancen. Von Wunden geschwächt und vom Schmerz benommen, wurde einer nach dem andern abgeführt. Man trieb sie in irgendeinem Winkel des Bahnhofgebäudes zusammen, in dem der Aufruhr begonnen hatte ...

Ben stand etwas weiter hinten in der Menge, dort wo man noch ein wenig Luft holen und sich bewegen konnte. Seine Lippe blutete, und er tupfte sie mit einem Taschentuch ab. Ein Ärmel seiner Jacke war halb abgerissen. Es war erst vor einigen Minuten gewesen – ein Trupp von Polizisten hatte sich einen Weg durch die Menge zu bahnen versucht, und Ben hatte sich ihnen gemeinsam mit einigen anderen entgegengestellt, doch es war ein kläglicher Versuch – gegen Schlagstöcke und Elektropeitschen.

Es war düster – die Morgenstunde eines trüben Tags, an dem das Sonnenlicht kaum durch die Wolkendecke brechen würde. Einige Lampen der Straßenbeleuchtung waren durch Steinwürfe zertrümmert worden, und daher hatte man das Netz abgeschaltet. Daher war auch der Verkehr weit über den Schauplatz des Geschehens hinaus lahmgelegt.

Bellende Befehle aus Megaphonen, Schreie aus der Menge, die sich zu einem stampfenden Chor verdichteten. Dann einige baffende Geräusche – Tränengasgranaten ...

Nun blinkten Scheinwerfer auf, beleuchteten die Vorderfront des Bahnhofgebäudes. Manchmal zuckten riesige Schatten darüber hinweg. Es war wie ein Schauspiel, rituelle Handlungen auf einer Bühne ... Die meisten waren Zuschauer, zur Untätigkeit verurteilt. Das war es, was Ben geradezu unerträglich erschien: daß man sich nicht wehren konnte. Er blickte auf seine Uhr –

9.45 Uhr: Wieder würde er zu spät ins Büro kommen. Er drehte sich um, drängte sich durch die Menschen, die mit verschatteten Gesichtern dastanden, als wüßten sie nicht, was geschah.

Ben begann zu laufen. Er hatte es nicht weit bis zur Datenbank. Er überlegte, ob er die Stechuhr nur zum Schein betätigen sollte – man brauchte dazu nur eine alte Lochkarte einzustecken. Aber er verwarf diesen Gedanken: denn dann würde der Aufdruck in seinem Ausweis fehlen, und außerdem blieb es sowieso nicht unbemerkt, daß er wieder zu spät kam.

Bevor Ben die Arbeitsräume betrat, ging er in den Waschraum und versuchte sich zu säubern. Die Lippe war etwas angeschwollen, er hatte das Gefühl einer riesigen Beule, doch, wie er sich durch einen Blick in den Spiegel überzeugte, sah die Sache weitaus harmloser aus. Er tupfte sich mit einem feuchten Taschentuch ab, wusch dann Gesicht und Hände, kämmte sich ... Schließlich zog er einen Arbeitskittel über seine zerfetzte Jacke.

Er hatte sich nicht getäuscht. Sein Chef, Sam Borowski, blickte auf, als er an dessen von Glaswänden gebildetem Abteil vorbeikam.

»Was war es diesmal? Ein dringender Gang zum Arzt? Eine Ausweiskontrolle? Eine Verkehrsstockung?«

»Richtig geraten: eine Verkehrsstockung!« antwortete Ben trotzig. »Sie haben sicher schon von den Unruhen gehört. Seit zwei Stunden fährt keine Schnellbahn mehr.«

»Ich weiß aber auch, daß Sie keine zehn Minuten von hier entfernt wohnen und deshalb die Schnellbahn gar nicht zu benützen brauchen ...« Er wehrte durch eine Geste ab, als ihn Ben unterbrechen wollte. »Gewiß, Sie können mir ein halbes Dutzend Gründe anführen, was Ihnen dazwischengekommen ist. Das Seltsame daran ist nur, daß Ihren Kollegen so etwas nicht passiert. Es trifft immer nur Sie allein. Gehen Sie bitte an die Arbeit!«

Ben schluckte die Antwort hinunter, die er gern gegeben hätte. Ohne zu grüßen, verließ er den Raum.

Er ging gar nicht erst in sein Büro, sondern suchte gleich die Rechenhalle auf. Wie er erwartet hatte, waren seine Freunde in jenem Teil des Raums versammelt, der durch eine Reihe von Speichern abgeteilt und der Sicht des Vorgesetzten entzogen war.

»Warst du dabei, Ben?«

»Donnerwetter, dich hat es aber erwischt!«

»So erzähl doch!«

»Seid leise«, bat Ben. »Ich bin schon wieder einmal unangenehm aufgefallen. Aber ich kann mich einfach nicht auf meinen Sessel hocken, wenn draußen gekämpft wird.«

Die anderen umringten ihn ungeduldig: »Mach es doch nicht so interessant – was war los?«

Ben berichtete eilig . . . Der Anstoß zu den Unruhen ging von den Eingangsschaltern des Vorortbahnhofs aus. Sie wurden vor kurzem automatisiert – an die zentrale Automatik angeschlossen. Und wie schon so oft, hatte es Störungen gegeben, diesmal zu einem besonders unangenehmen Zeitpunkt: als die Einwohner der Vorstadt morgens auf dem Weg zu ihren Arbeitsplätzen waren. Irgendeiner hatte seine Karte falsch eingesteckt, vielleicht mit dem roten Rand voran oder mit der magnetbeschichteten Fläche nach unten . . . Daraufhin hatte eine Sperrschaltung eingesetzt: Die Drehkreuze ließen sich nicht mehr bewegen – kein Mensch konnte zu den Bahnsteigen weitergehen. Die Menschen drängten sich an den Schaltern, es wurden immer mehr, allmählich wurden Proteste laut – wie schon oft, richteten sie sich gegen die Computerisierung der Stadt, die vor kurzem angelaufen war. Und dann flogen die ersten Steine . . .

Ein Kollege gab ein Zeichen, man hörte Schritte, und rasch verteilten sie sich an den Pulten, den Mikrofilmregalen, den Ablichtungsautomaten . . .

»Ist hier wieder eine kleine Versammlung in Gang?« fragte Borowski. »Meine Herren, gehen Sie doch bitte an Ihre Arbeit. Sie wissen, daß wir gerade in diesen Tagen mit unseren Terminen zu kämpfen haben. Ich erwarte, daß jeder sein Möglichstes tut!«

Unwillig gingen sie auseinander und zerstreuten sich. Schon zu Mittag, nach dem ersten Glockenzeichen, standen sie wieder beisammen.

»Eben ist eine Meldung gekommen: Fünfzig Leute wurden

64

verhaftet!« Es war François, der mit dieser Meldung hereinstürzte. Aus seiner Manteltasche holte er ein flaches Transistorgerät, schaltete ein und stellte ein wenig lauter. Sie konnten den Nachrichtensprecher hören, der in beruhigendem Ton Texte verlas, die gar nicht beruhigend waren. » . . . zwischen zehn Uhr abends und sechs Uhr morgens der Aufenthalt auf den Straßen verboten . . . und deshalb wurde vorgeschlagen, daß Täter, die in flagranti bei Sachbeschädigungen ertappt werden, · durch Schnellgerichte . . .«

»Wißt ihr, was das bedeutet? – den Ausnahmezustand!«

»Hardy hat recht«, rief Edwige, die einzige weibliche Programmiererin. »Ich habe euch das schon vor einer Woche vorausgesagt!«

Hardy trat ans Fenster und setzte sich mit einem kleinen Sprung auf das Brett. »Cassandrarufe und Klagegesänge! Das ist alles, was wir dazu beizutragen haben. Wir sitzen hier, in unseren Büros, und sind froh, daß uns irgendetwas aus dem ewigen Trott herausreißt. Dabei geht es uns doch ebenso an wie die andern. Wir gehören doch nicht zu den Bonzen, die in ihren Ledersesseln sitzen – wir sind kleine Pinscher, und wir müssen unsere Freiheit verteidigen – ebenso wie das übrige Fußvolk!«

»Was willst du tun? Hältst du es für vernünftig, dich mit den Schwarzhelmen herumzubalgen?«

»Vernünftig, vernünftig! Muß man nicht auch einmal einer inneren Stimme gehorchen, sich in den Dienst einer wichtigen Sache stellen? Ohne gleich nach wenn und aber zu fragen?«

Jonathan versuchte das Stimmengewirr der anderen zu übertönen. Er hatte insofern eine Sonderstellung, als er nicht nur Mathematiker, sondern auch Psychologe war. Was er sagte, hatte Hand und Fuß. »Ich sehe da keinen Widerspruch. Warum soll man nicht für eine wichtige Sache eintreten und trotzdem vernünftig bleiben?«

»Und was schlägst du vor?«

»Mir fällt da etwas auf,«, meinte Jonathan. »Überlegt euch doch einmal, was der Anlaß für die heutigen Unruhen war!«

»Du meinst die Stauungen am Bahnhof?«

65

»Warum gab es Stauungen? Sie hängen mit dem elektronischen Steuerungssystem zusammen. Ein kleiner Defekt – eine riesige Störung! Heute war es nur ein Zufall. Wäre es nicht möglich, diesem Zufall ein wenig nachzuhelfen? Und wer könnte das besser als Fachleute?«

Sie schwiegen nachdenklich. Dann sagte einer mit Anerkennung in der Stimme: »Donnerwetter! Ich glaube, da ist etwas Wahres dran!«

Sie berieten eine Weile. Präparierte Fahrkarten, lahmgelegte Uhren, falsch eingestellte Anzeigegeräte ... das ließ sich tatsächlich relativ leicht erreichen. Und sie wußten, was zu tun war. Das elektronische System war relativ empfindlich – kleine Abweichungen von den Formaten, unscheinbare Einschnitte in den Karten, eine verwischte Magnetisierung ... und schon liegen die Anlagen still. Immer mehr Einfälle wurden zur Diskussion gestellt. Die Geldautomaten in den Kaufhäusern, die Regelung der Verkehrsampeln, der Wasserverteilung, der Stromversorgung ... es gab Fernheizwerke und Klimaanlagen, die von zentralen Stellen aus reguliert wurden, es gab Nachrichtenmedien, Telefon und Videofon, Rohrpost und Glasfaser-Bildübermittlung, von Zentralen aus gelenkt ... und alles das geschah mit Hilfe von Lochkarten, Magnetkarten, Magnetbändern, mit Hilfe von datenverarbeitenden Systemen, mit Hilfe von Programmen ... Und die Ausarbeitung dieser Systeme – das war ihre Aufgabe und die vieler Kollegen in diesem und anderen Instituten. Plötzlich merkten sie, welche Macht im Status eines Programmierers liegt.

»Jetzt versteht ihr es auch: Wenn wir wollen, dann bricht das ganze System zusammen«, sagte Jonathan. »Wir müssen nur einig sein. Wir müssen möglichst viele Kollegen davon überzeugen, daß sie nicht widerstandslos mitmachen dürfen. Schließlich ist es ihre Freiheit, die sie verlieren. Zunächst sollten wir Datenbanksysteme ausarbeiten, dann ging es um die Verbreitung und Selektion von Nachrichten – und was ist das anderes als Zensur? Und schließlich kam die Überwachung hinzu: Wir sind zu Spitzeln geworden! Und nun auch noch die Computerisierung der

Stadt! Was ist sie anderes als ein Instrument der Unterdrük-
kung!«

Beifall wurde laut, aber sie unterdrückten ihn – schließlich be-
fanden sie sich nicht in einem Wahllokal, sondern in einem Re-
chensaal, noch dazu in einem der Regierung.

»Aus vielen Gesprächen mit Kollegen weiß ich«, sagte Edwige,
»daß es viele gibt, die nicht mitmachen wollen. Wer ein bißchen
denkt, merkt ja, was da vor sich geht. Wir müssen Kontakt mit
ihnen aufnehmen, wir müssen sie alle zu gemeinsamen Aktionen
bringen!«

»Edwige hat recht«, meinte Ben. »Ich schlage vor, daß jeder im
Kreis seiner Bekannten nach Leuten sucht, die wir ins Vertrauen
ziehen können.«

»Und wie lange wird das dauern? Wochen oder Monate? Was
glaubt ihr, wie schwer es ist, eine größere Menge von Leuten aus
ihrer Schläfrigkeit herauszureißen! Gut – ich sehe ein, daß wir es
versuchen müssen! Aber soll sonst nichts geschehen?«

»Eine Aktivität, an der viele Leute beteiligt sind, läßt sich kaum
geheim halten«, sagte Jonathan. »Ich glaube nicht, daß der Weg
über eine größere Zahl von Gesinnungsgenossen gangbar ist.
Denkt daran, was ich euch gesagt habe: Durch unser Wissen und
durch die Zugriffsmöglichkeit, die uns diese Tätigkeit hier gibt,
haben wir eine Macht, die wir selbst noch kaum überblicken. Wir
könnten sie auch in einer kleinen Gruppe ausüben; das erscheint
mir sinnvoller zu sein.«

»Ich bin derselben Meinung«, bekräftigte François. »Ich bin
dafür, daß kein anderer eingeweiht wird. Dafür aber gehen wir
gleich an die Arbeit. Ich schlage vor, wir verwenden diesen
Nachmittag dazu, um alle Möglichkeiten des Eingriffs zusam-
menzustellen. Jeder notiert, was ihm einfällt, und heute abend
treffen wir uns und überlegen, was davon brauchbar ist und was
wir als erstes unternehmen.«

»Einverstanden«, sagte Ben. »Und jetzt gehen wir am besten
mittagessen – sonst fallen wir hier noch auf.«

Sie hatten sich für acht Uhr abends in der Kantine neben der
Bowling-Bahn verabredet – ein beliebter Treffpunkt für alle An-

gehörigen der Datenbank –, doch heute befanden sich nur wenige Personen hier; die politischen Ereignisse waren allen in die Knochen gefahren, und so hatten Ben und seine Freunde den Raum für sich.

Bald lag auf dem Tisch ein Haufen von Notizzetteln; hier hatten alle ihre Vorschläge zur Sabotierung des Automatensystems niedergelegt. Wieder waren sie darüber erstaunt, wie vielfältig die Möglichkeiten des störenden Eingriffs waren. Sie redeten sich in merklichen Eifer hinein, aber sie blieben sachlich. Die Diskussion hörte sich eher wie ein kompliziertes Fachgespräch an als eine Besprechung zur Vorbereitung von revolutionären Maßnahmen.

Am Schluß hatten sie eine beachtliche Liste aufzuweisen; sie war weitaus mehr als eine Aufzählung. Jeder hatte sein Wissen zur Verfügung gestellt, und dabei war eine ganze Menge von Daten, die als streng geheim galten, beispielsweise Codes zum Entschlüsseln von Sperrmaterial, interne Adressen zum Aufruf von Daten, die nicht für die Öffentlichkeit bestimmt waren, und so weiter. Dazu kamen viele praktische Hinweise zum Problem, wie man Automaten an der Peripherie, also beispielsweise Zahl- und Wechselautomaten, Sicherungen für Eingänge und Lifts, Fernschreiber und Datensichtstationen für die allgemeine Kommunikation, außer Funktion setzen können. Natürlich besaßen sie noch nicht alle Kenntnisse zur Realisierung ihrer Ideen, aber das, was hier noch fehlte, würde sich beschaffen lassen ...

Ben faltete die Blätter mit den Aufzeichnungen sorgsam zusammen und steckte sie in die Innentasche seiner Jacke. »Wir werden noch eine Weile damit zu tun haben«, sagte er, »bis wir alles das geprüft und ausprobiert haben. Am besten, wir beginnen mit kleineren Störaktionen – um zunächst einmal zu sehen, ob die Sache so läuft, wie wir uns das vorstellen.«

»Und inzwischen bereiten wir uns auf den großen Schlag vor«, ergänzte François. »Das wird das Zeichen für den Aufstand sein.«

Jonathan nickte. »Und diesmal haben wir eine echte Chance – denn wir werden auch alle Nachrichtenmedien und Verkehrsmit-

tel lahmlegen, derer sich die Polizei bedient.«

Ein Knacken im Lautsprecher, und dann eine Stimme: »Herr Ben Erman ans Videofon. Herr Erman wird am Videofon verlangt!«

Jonathan wandte sich an Ben: »Wer weiß davon, daß du hier bist?«

Ben zuckte die Schultern. »Ich habe es niemandem gesagt!«

»Na, geh schon!« forderte ihn François auf. »Aber sei vorsichtig!«

Ben stand auf und verließ den Raum. Die Videofonzelle war draußen, am anderen Ende des Korridors. Als er sie betrat, bemerkte er, daß der Bildschirm eingeschaltet war; darüber hinweg lief sich stetig wiederholend der Schriftzug »Bitte warten!«

Die anderen waren ein wenig unruhig geworden. Ihre Unterhaltung stockte – sie warteten auf Ben.

Und dann horchten jene, die etwas weiter vorn und damit näher am offenen Eingang zum Treppenhaus saßen, irritiert auf, und nun hörten es auch die andern: polternde Schritte schwerer Lederstiefel. Es dauerte keine drei Sekunden, und sie waren von einem doppelten Ring uniformierter Männer umgeben. Einer sah wie der andere aus – in der einen Hand den Schlagstock, in der anderen die Hochvoltpeitsche.

Schließlich trat ein unscheinbarer, kleiner Mann in Zivil durch die Reihen, und alle erschraken: der Chef des Geheimdienstes, den man gelegentlich in Zeitschriften und Fernsehsendungen sah. Und doch war es ein Gesicht, das man kaum vergaß, wenn man kein ganz sauberes Gewissen hatte ...

»Ich glaube, das genügt«, sagte er. Er trat von einem zum andern, blieb vor jedem stehn, musterte ihn. »Ihr wollt also dort zuschlagen, wo es am wehesten tut. Ich glaube, ihr werdet noch drauf kommen, wie kindisch eure Ideen waren. Abführen!«

Nach einer Minute war der Raum leer.

8.

Der nächste Vormittag verlief für Ben wie im Traum. Ihm war, als wäre er noch nicht richtig erwacht, als befände er sich in einer imaginären Zeit, in einem imaginären Raum, der das Reich der Träume von der Realität trennt.

Das Klingelsignal hatte ihn um sechs Uhr früh aus einer Welt gerissen, die nun plötzlich wieder Existenz gewonnen hatte. Zwar kam sie ihm nicht wirklich vor, aber sie war aus irgendwelchen Bereichen hergeholt worden, und sie ließ sich nicht mehr tilgen. War es Wahrheit oder Traum? War es ein Stück Vergangenheit oder war es ein Abriß aus irgendwelchen Parallelwelten, über die sie im Physikunterricht gehört hatten? Der Unterschied zwischen Nichtexistenz, Möglichkeit und Realwelt war verwischt, und es war eine Frage, ob sich jemals wieder feste Grenzen ziehen lassen würden.

Doch Ben hatte mit Erleichterung festgestellt, daß der Eingriff nicht mit üblen Neben- oder Nachwirkungen verbunden gewesen war. Offenbar hatte er die Nacht ruhig verbracht, ohne den anderen ein Zeichen dafür zu geben, daß er nicht wie sie in normalen Schlaf versunken war, sondern einen Ausflug ins Unfaßbare gemacht hatte. Und wenn er nun auch traumverloren und mechanisch seinen Routinen und Pflichten nachging, sich wusch und kämmte, aß und trank, die gymnastischen Übungen machte und in den Sprechchor einfiel, so gab es da noch eine andere Seite seines Bewußtseins, der es erst allmählich gelang, mit der Flut des Neuen fertigzuwerden, das in kürzester Zeit auf ihn eingestürmt war.

Gegen Mittag hatte er sich aber schon merklich gefangen, und um vierzehn Uhr saß er äußerlich ruhig an seinem Datensichtgerät und aktivierte die Verbindung mit der Arbeitseinheit.

Es dauerte ungewöhnlich lang, bis die üblichen Schriftzüge erschienen. Ungewöhnlich – das waren nur Bruchteile von Sekunden, aber im Hinblick auf die Schnelligkeit der Adressierungs- und Rückrufprozesse war es lange. Nun erst warf er einen Blick auf die Kontrollzeit . . . er hatte den Wert von gestern nicht notiert, aber er war sicher, daß mindestens zehn Minuten fehlten. Irgendjemand war an seinem Arbeitsplatz gewesen, und er hatte sich den Inhalt der von Ben angelegten Dateien aufrufen lassen. Zu welchem Zweck? Und wer war es? War jetzt der Punkt gekommen, vor dem er sich gefürchtet hatte: der Moment seiner Entlarvung? War sein Spiel entschleiert worden, war man ihm auf die Schliche gekommen?

Außer einigen kleinen Regelwidrigkeiten, die nur er als Fachmann merkte, deutete nichts darauf hin. Es konnte ein Vorgesetzter gewesen sein, ein Kontrolleur, ein Kollege … genauso gut konnte die Ursache freilich bei einem Angehörigen des Reinigungstrupps liegen, der unvorsichtig mit seinem Antistatikgerät hantiert hatte, oder an einem Reparaturtrupp, der über Nacht die Anlagen prüfte. Aber, so gern er diese Möglichkeiten auch gelten lassen wollte, so wußte Ben doch genau, daß ohne Kenntnis des Codes kein Zugang zu Datenmaterial bestand.

Was aber auch immer die Ursache sein mochte – im Moment konnte er ihr nicht auf den Grund kommen, und so spielte er sich noch einmal die Daten von Hardy Weman, Kennzahl 14-5566850-19 W, ein. Und er sah sich auch die Reihe von dessen Fotoaufnahmen an, die Jahr für Jahr erneuert wurden. Dieses Gesicht war nicht sympathisch; es schien jung zu sein, doch wenn man es näher betrachtete, so zeigte es einen Ausdruck von Resignation, wie man ihn nur bei den Alten findet, die kurz vor ihrer Z-Einstufung stehen – der Nihilation. Die Haare waren schwarz, das Kinn ein wenig herabgezogen – es war ein Zug von Verachtung, der sich hier Jahr für Jahr stärker eingraviert hatte.

Ben blickte auf die Uhr: Es war noch früh – vierzehn Uhr zwanzig –, und so entschloß er sich spontan, Hardy heute schon aufzusuchen. Er war sich nicht mehr sicher darüber, wie lange er seinen Ermittlungen noch ungestört nachgehen konnte.

Lehrbrief über das Nachwuchs-Problem

Eine besonders krasse Verletzung sozialer Verant-
wortlichkeit liegt im archaischen Zeitalter bei der
Aufzucht und Pflege des Nachwuchses vor. Als fol-
genschwerste Fakten sind aufzuzählen:

a) Man überließ die Frage des Nachwuchses privater Initiative.
b) Die Zahl der produzierten Kinder hing von zufälli-
   gen Einflüssen und Entscheidungen ab.
c) Jedermann konnte sich aus freiem Willen in den
   Vermehrungsprozeß einschalten.
d) Es gab keinerlei Rücksicht auf erbgesundheitli-
   che Gegebenheiten.
e) Es gab keinerlei genetische Auslesegesetze.
f) Die Pflege der Säuglinge und Kleinkinder wurde
   dem Elternpaar überlassen.
g) Auf diese Weise waren die ersten Lehr- und Er-
   ziehungsversuche dem Dilettantismus von Pri-
   vatpersonen überantwortet.
h) Selbst im Stadium des Schülers wurde das Kind
   noch den schädlichen Einflüssen der Familie
   überlassen.
i) Die Ausbildung erfolgte nach individualistischen
   und nicht sozialorientierten Zielvorstellungen.

Das Überhandnehmen von genetisch bedingten
Krankheiten physischer und psychischer Art, insbesondere aber die unkontrollierbar weite Streuung
der Eigenschaften, ließ die Zusammensetzung des
menschlichen Materials als denkbar ungeeignet für
den sozialen Zusammenschluß erscheinen. Die
Folge davon war ein Ungleichgewichtszustand zwischen den individuellen Wünschen und den sozial
vorgegebenen Pflichten, der zu Frustrationen und
Aggressionen führte. Dadurch war die Freiheit des
Einzelnen empfindlich eingeschränkt; ein Übergang

zur nächsthöheren gesellschaftlichen Organisationsstufe war unmöglich. Die Freie Gesellschaft mußte daher völlig neue Methoden der Nachwuchsproduktion und -pflege entwickeln.

Zur Vermehrung sind nur qualifizierte Elternpaare zugelassen. Ihre genetische Ausstattung muß innerhalb einer Streubreite von ± 2,5% liegen. Als Norm dafür ist das Qualitätsspektrum des repräsentativen Durchschnittsbürgers zu nehmen. Die Frucht bleibt sechs Wochen im Mutterleib und wird dann durch einen hormonalen Schock ausgestoßen. Die weitere Reifung erfolgt im Brutkasten. Während der folgenden zehnmonatigen Entwicklungsphasen sind mindestens drei Zwischentests für genetische Eignung eingeschoben.
Die Pflege der Säuglinge bis zum 2. Lebensjahr erfolgt in steriler Umgebung ausschließlich durch Automaten. Zur Aktivierung der motorischen und sensuellen Fähigkeiten kommt ein Programm an Reizen taktiler, auditiver, visueller u. a. Art zur Anwendung.

Ab dem dritten Lebensjahr werden die Kinder in Schulklassen zusammengefaßt und von ausgebildetem Personal nach festgelegten Lehrplänen betreut. Bis zum 22. Lebensjahr lernt der heranwachsende Bürger auf diese Weise alle Verhaltensweisen, die ihn zum Vollmitglied der Freien Gesellschaft qualifizieren. Für spätere Planungsphasen ist Vollcomputerisierung vorgesehen.
Gemäß den biologischen Erkenntnissen befindet sich das Individuum während seiner Reifungsphase in einem besonderen psychologischen Zustand, der es von jenem der Erwachsenen unterscheidet. Es ist vor allem durch die Bereitschaft zur wahllosen Aufnahme von Information gekennzeichnet, weiter durch eine erhöhte Risikobereitschaft, durch eine geringe Konzentrationsfähigkeit, durch einen ge-

steigerten Hang zu unkonventionellem Denken, durch die Anwendung spielerischer Verhaltensweisen auch in sachlichen Aufgabenbereichen. Da die Individuen in dieser Phase aufnahmebereit und lernoffen sind, müssen ihnen alle sozialen, betätigungstherapeutischen und pseudoberuflichen Qualifikationen anerzogen werden. Während der Mensch des archaischen Zeitalters diese infantilen Verhaltensmuster in das Erwachsenenstadium mit hinübergenommen hat – wodurch die Gesellschaft zu einem Kessel widerstrebender Meinungen und Trends wurde –, erreicht der Bürger der Freien Gesellschaft ein echtes Reifestadium. Er ist dann für die Aufnahme neuer Information und die Annahme neuer Verhaltensweisen nicht mehr geeignet – eine Voraussetzung für eine optimale und permanente Adaption an das bestehende soziale Wirkungsschema. Die Umstellung zum Erwachsenenstadium erfolgt mit Hilfe einer halbjährigen Hormonbehandlung. An ihrem Ende steht ein zusätzlicher Gedächtnisschock, der im erwachsenen Bürger der freien Gesellschaft die Erinnerung an die Reife- und Lernphase löscht, die sich im weiteren Leben nur als Störfaktor erweisen würde.

Da eine Infiltration der für Kinder und Jugendliche charakteristischen Denk- und Verhaltensweisen für den Erwachsenenstaat schädlich wäre, hat sich deren Aufenthalt auf abgeschlossene Areale zu beschränken. Jede Kommunikation zwischen diesen und dem äußeren Bereich ist strengstens untersagt und wird durch automatische Kontrollen unterbunden.

9.

Auf Hardys Vernehmung hatte sich Ben gut vorbereitet – er ließ sich diesmal durch nichts überraschen. Er war genau darüber orientiert, wo dieser arbeitete: Er gehörte zu einem Reinigungstrupp, der für die Entstaubung von Leitungen, Röhren und Glasfaserkabeln zu sorgen hatte. Der Arbeitsbereich war die versteckte Kehrseite der Maschinen, jener Teil, der vollautomatisch arbeitete und sich selbst steuerte. Menschen waren hier überflüssig, zumindest in leitenden Positionen. Das einzige, wofür man noch keine Automaten gefunden hatte, war die Dienstleistung, derer auch technische Anlagen von Zeit zu Zeit bedürfen.

Diese Arbeit war gefährlich. Die den Menschen zugängliche Zone war in jeder Hinsicht geschützt – materiell durch Sicherheitsvorkehrungen, ideell durch Gesetze und Vorschriften. Die Betreuung der Menschen ging so weit, daß sogar willkürliche Zerstörungen oder Verletzungen ausgeschlossen waren; jedes Stuhlbein wäre ohne ernsthafte Wirkung abgebrochen, wenn man es auf den Schädel eines Widersachers geschmettert hätte. Selbst die Bestecke waren aus biegsamem Kunststoff, die Wände mit Schaumgummi gepolstert, die Steckdosen lieferten nur Schwachstrom. Aber es gab ja gar keine Widersacher – jeder Anflug von Aggression wurde durch das psychogene Training und die psychiatrischen Präventivmaßnahmen im Keim erstickt, ehe sie sich Luft schaffen konnte.

Hier war das anders ... Ben erkannte das deutlich, als er sich auf einer automatisch gesteuerten Lore über das Geflecht der Schienen bewegte. Schon die Dimensionen waren dem Menschen nicht angepaßt: riesige Säle und Tunnels, die nackten Innereien der Streben, Achsen, Leitungen ... Stufen, Abbrüche, offene Fenster in tiefere Etagen – das alles ohne Geländer, ohne Warnblinkanlagen, ohne Polsterung. Die Luft war schlecht, er mußte sein Atemfilter tragen, doch als er es einen Moment lang abnahm, spürte er nicht den sauren Geruch von oxidierten Kohlenwasserstoffen, sondern jenen von unbekannten Chemikalien, vielleicht von Ozon, vielleicht von Zyanwasserstoff. Schadstoffe, Gifte – er schüttelte sich. Das war kein Ort für den Aufenthalt von Menschen, eine Hölle, gerade noch dem Existenzminimum der niedrigsten Kategorien angemessen.

Man hatte ihm eine Broschüre in die Hand gedrückt, einen Plan, mit dessen Hilfe er sich über seinen Weg orientieren konnte. Aus den riesigen Hallen ging es hin und wieder durch enge Röhren – er mußte sich bücken, um mit dem Kopf den Staubfäden auszuweichen, die wie Spinnweben von den Decken hingen. Ein Stück ging es steil bergab, und er klammerte sich an die Stützen an seinem Gefährt. Dann wieder einige sanfte Kurven, ein unterirdisches Flußbett, der Abfluß dampfender Chemikalien, und dann zwei Luftschleusen, Eingang zum unterirdischen Teil eines riesigen Prozeßrechners, der zentralen Steuerungsanlage für die Stadtfunktion.

Hier irgendwo mußte Hardy zu finden sein ... links tauchte die riesige Wand mit den unzähligen in Platten gedruckten Schaltungen auf, rechts gähnten die Öffnungen der Klimaanlage, die neben der präzise temperierten Luft auch oberflächenaktive Stoffe hereintrugen – sie dienten zur selbsttätigen Verbesserung von Isolationsschäden, die infolge der Alterung der Materialien hier und da auftraten und früher ein ernsthaftes Problem gewesen waren.

Noch um zwei Ecken herum ... aber da versperrte ihm eine Gruppe von Menschen den Weg, auf dem Geleise stand eine Transportlore mit einem blinkenden roten Kreuz. Die Automatik schaltete das Transportsystem aus, bevor ein Zusammenstoß erfolgen konnte. Ein Mann im weißrot gestreiften Overall der Sanitäter lief Ben entgegen und brüllte ihn an: »Siehst du das Alarmzeichen nicht! Mach den Weg frei, aber rasch!«

Ein anderer erschien hinter dem ersten, stieß ihn warnend an. »Nicht doch, Paul! Das ist doch der angekündigte Besucher.« Er wandte sich an Ben: »Sie kommen zu spät, Hardy hat es erwischt. Er war es doch, den Sie befragen wollten – nicht wahr?«

Ben stieg aus der Lore, zwei Männer traten vor und hoben sie aus den Schienen. Die Transportlore setzte sich wieder in Bewegung, und während sie an Ben vorbeifuhr, blickte der in das Gesicht, das er noch vor einer Stunde auf dem Bildschirm studiert hatte: das häßliche, schmale Gesicht, das weder alt noch jung aussah, dem man aber selbst in der Ohnmacht noch die Verachtung für die Umwelt anzusehen glaubte ...

Ben wandte sich an den Mann im blauen Overall, der die Funktion eines Truppführers innezuhaben schien. »Was ist mit ihm passiert?«

»Er wurde eben erst gefunden. Aber wir werden es prüfen.«

»Fangen Sie gleich damit an!« forderte Ben.

Inzwischen kam aus Nebengängen, deren Mündungen er in der Dämmerung der radiolumineszierenden Streifen nicht gesehen hatte, aus Winkeln und Nischen eine ganze Horde verwegen aussehender, schmutziger, mit undefinierbaren Werkzeugen ausgestatteter Männer. Von manchen von ihnen konnte man nur das Weiße ihrer Augen erkennen. Sie drängten sich zusammen, ein leises Murmeln klang auf. Ben hatte das Gefühl als wäre er in Gefahr, als hätten sich hier Emotionen aufgestaut, die sich jeden Moment gegen ihn entladen könnten – obwohl er nicht wußte, warum. Unwillkürlich trat er einen Schritt beiseite, auf die Stufe des Schienenzugs hinauf, von der er einen besseren Ausblick hatte – und die bessere Möglichkeit, im Dunkel zu verschwinden.

Der Mann im blauen Overall machte ein Zeichen, und das Gemurmel erstarb. »Wer hat Hardy gefunden?« fragte er.

»Ich!« Einer der Männer trat vor – er hielt eine lange, in drei Spitzen auslaufende Stange in der Hand und stemmte sie gegen den Boden wie eine Lanze.

»Wo war das?«

»Dort drüben, beim Verteiler. Ich habe Bill gerufen, und der hat die Sanitäter alarmiert.«

»Hat jemand gesehen, was passiert ist?« Der Leiter des Trupps blickte die Männer forschend an, ein Gesicht nach dem andern. Niemand, den sein Blick traf, rührte sich, doch Ben hatte den Eindruck, in einer hinteren Reihe eine Bewegung wahrgenommen zu haben, und als er hinblickte, bemerkte er, daß ein großer, breit gebauter Mann einen anderen, kleineren am Oberarm festhielt, als wollte er jede Handlung ersticken, die vielleicht beabsichtigt sein mochte.

»He – komm vor . . . ja, dich meine ich!« Ben wandte sich an den Anführer: »Ich will selbst ein paar Fragen stellen!«

Als der Kleine zögernd näher trat, sagte Ben: »Ich bin ein Angehöriger des Kontrolldienstes; du weißt, daß du mir antworten mußt.«

Der andere nickte und sah zu Boden.

»Ich weiß, daß du etwas beobachtet hast. Sag es!«

Der kleine Mann schüttelte den Kopf. Ben wartete eine Weile, dann sagte er zum Truppleiter, und zwar so laut, daß es alle hören konnten: »Ich nehme ihn mit. Und auch du kommst mit – du garantierst dafür, daß es dabei keinerlei Schwierigkeiten gibt. Du bist dir sicher im klaren darüber, daß ich mit einem Telekommunikator Verbindung mit der Zentrale habe.«

Dieser Hinweis half, wenn er auch nicht auf Wahrheit beruhte – doch der Respekt vor den übergeordneten Instanzen lag den Männern zu tief im Blut. Die drei Männer bestiegen eine Lore und setzten sich in Bewegung – dem Einstiegsschacht entgegen.

Ben war sich klar darüber, daß der Mann, aus welchen Gründen auch immer, vor seinen Kollegen nicht sprechen würde, und daß es vor allem darauf ankam, ihn von den anderen zu entfernen.

Am Schacht angekommen, gingen sie in die Glaskabine des Pförtnerhauses, und Ben stellte noch einmal seine Frage. Der kleine Mann sah den Truppführer fragend an, und dieser nickte ihm zu und sagte: »Du mußt antworten.«

»Es stimmt, ich habe es beobachtet. Es war kein Unfall. Hardy hat zwei Zuleitungen aus der Stronschiene gerissen. Er hat sie an den Isolierenden angefaßt, an seinen Kopf gehoben, und dann mit den blanken Kontaktplatten an seine Schläfen gelegt, eine links, die andere rechts. Es war scheußlich, es hat ihn geschüttelt, hin- und hergerissen. Er hatte einen irren Ausdruck im Gesicht. Dann fiel er zu Boden.« Er schwieg.

»War das alles?«

»Ja!«

»Es ist gut«, sagte Ben. »Und nun möchte ich Hardy sehen – wo ist er?«

Mit dem Truppführer ging er in den Sanitätsraum. Hardy lag auf einem Notlager, ein Arzt saß neben ihm. Dieser stand auf, als er Ben eintreten sah und ging ihm entgegen. »Ein schwerer Elektroschock«, erklärte er. »Es ist nicht zu verstehen, wie so etwas geschehen konnte, doch er muß mit beiden Schläfen zugleich an spannungführende Teile gekommen sein.«

Ben sah, daß Hardy die Augen geöffnet hatte, doch er lag bewegungslos, das Gesicht zur Decke gewandt. »Ist er bei Besinnung?«

»Er ist wach«, bestätigte der Arzt. »Hätte die Spannung andere Körperteile erfaßt, wäre er nun vielleicht gelähmt, doch das läßt sich in Ordnung bringen. So aber hat es sein Gehirn getroffen. Ja, er ist wach. Aber ob er bei Besinnung ist? Ob er noch erkennt, was um ihn herum vorgeht? Ob er noch Erinnerungen hat? – wer weiß es?«

Ben trat leise an das Lager heran und beugte sich über den Verletzten. Als er in Hardys Blickfeld kam, bäumte sich dieser plötzlich auf und schrie: »Ich weiß nichts, geh fort! Ich weiß nichts, nichts, nichts. Ich weiß nichts ...«

Der Arzt zog Ben zurück, doch die Schreie hielten an.

»Worum geht es?« fragte der Arzt.

»Ich weiß es selbst noch nicht«, antwortete Ben. Er verabschiedete sich und ging zum Lift hinaus. Dieser trug ihn empor, zurück in den gesicherten Lebensraum der Freien Gesellschaft.

Notizen über das Symposium ›Ordnung und Antiordnung‹

Vorbemerkungen zur Begriffsbestimmung
Ordnung: Gesetzmäßigkeit, Regelhaftigkeit
Antiordnung: Zufall, Chaos, Entropie
Antithesen: Ordnung – Chaos
　　　　　 Information – Redundanz
　　　　　 Bestimmtheit – Unbestimmtheit

Das Geschehen in der Makrowelt, in der der Mensch lebt, ist durch Ordnungsbeziehungen diktiert. Die einzige Quelle von Unbestimmtheit ist die Mikrowelt (Quantenprozesse). Auswirkungen im sozialen Gefüge können nur durch Ereignisse nach dem Modell des Quantenverstärkers erfolgen. Man versteht darunter eine Anordnung, die ein Mikroereignis in ein Makroereignis umwandelt. Ein Beispiel dafür ist das Verstärkersystem, das in Zählrohren aufgefangene Impulse hör- oder sichtbar macht. Auch in biologischen Organismen kommen Effekte dieser Art zustande, beispielsweise durch zufällige Änderungen in den Genen, wodurch Mutationen hervorgerufen werden. Entsprechende Prozesse greifen ins Gehirngeschehen ein – sie führen zu Spontanreaktionen, unvorhersehbaren Einfällen, unlogischen Entscheidungen usw.

In geologischen, biologischen oder soziologischen Initialzuständen können Zufallsereignisse mitunter zu Änderungen führen, die Verbesserungen in Relation zum ökologischen System der Umwelt ergeben. Hat diese erst einmal einen näheren Organisationsgrad erreicht, dann haben Zufallseinflüsse stets destruktive Tendenz. So muß sich notwendigerweise in einem perfekten Sozialstaat jede durch Zufall induzierte Änderung in einer Beeinträchtigung der Funktionalität ausdrücken.

In einer vom Menschen kontrollierten Welt ist für den Zufall kein Platz. Es ist unsere Aufgabe, ihn auszuschalten. Unsere Welt muß total kontrolliert und umfassend gesteuert werden. Zufallseinflüsse im technischen Bereich führen zu Unfällen, Spontaneität im sozialen Bereich bringt Unruhe mit sich. Berufsgruppen, deren Tätigkeit auf der Produktion von Ideen und Phantasie beruht, sind destruktive Elemente im sozialen Gefüge; die Tätigkeit von Erfindern, Reformern, Künstlern und Schriftstellern wirkt sich negativ auf die Zufriedenheit der Bürger aus; diese Berufsstände werden deshalb aus den offiziellen Berufslisten gestrichen.

Der Einsatz von Zufallsgeneratoren im technischen Bereich ist nur mit Sondererlaubnis gestattet, vor allem für Simulations- und Forschungszwecke. Sobald die Übergangsphase überwunden ist, wird der destruktive Zufall völlig aus dem Wirkungsgefüge des Sozialstaats gestrichen. So wird durch eine totale Sperre zwischen Mikrowelt und Makrowelt ein Zustand der perfekten Ordnung erreicht.

10.

Das Zusammentreffen mit Hardy hatte Ben weitaus stärker aufgewühlt, als er sich selbst eingestehen mochte. Es war auch anders gewesen als mit Barbara, der er völlig unvorbereitet gegenübergestanden war. Mit Hardy hatte er sich weitaus eingehender beschäftigt, er war ihm aber auch schon deshalb kein Unbekannter mehr gewesen, weil er ja in seinem Traum eine wichtige Rolle gespielt hatte. Aber war der Hardy aus seinem Traum jener Hardy, der jetzt irgendwo in einem Hospital lag, weil er seine Erinnerungen auslöschen wollte, bevor er mit Ben zusammentraf? Wenn Ben sich auch eines Geschehens bewußt war, in das er und seine drei angeblichen Kontaktpersonen verflochten schienen, so stand noch keineswegs fest, daß alles etwas mit wirklichem Geschehen zu tun hatte. Er hatte die handelnden Personen nur vage gesehen, es war, als seien es Schemen gewesen, Aktionszentren, die sich, vielleicht auf gut Glück, in irgendwelchen Personen verkörperten, die derzeit in seinem Denken eine große Rolle spielten.

Aber wie dem auch sei – Ben war sicher, daß sich ihm die Vergangenheit zum Teil enthüllt hatte, und er nahm sich vor, schon in dieser Nacht die nächste Ampulle anzuwenden. Noch bevor er sich aber für das Abendessen anstellte, machte ihn sein Zellennachbar darauf aufmerksam, daß ein Ruf angekommen wäre. Er betrat die nächste Videofonzelle und wählte die angegebene Nummer. Der Bildschirm erhellte sich, blieb aber leer. »Es ist schön, daß wir uns wiedergetroffen haben. Ich möchte dich sehen ...« Ben erkannte die Stimme sofort, obwohl sie keinen Namen nannte: Barbara. »Hallo, bist du noch da? Hörst du mich?«

»Ja«, antwortete Ben.

»Hör zu: Wollen wir uns heute abend treffen?« Sie wartete die Antwort nicht ab. »Ich erwarte dich also um neunzehn Uhr dreißig an der Endhaltestelle der U-Bahn – Stadtsektor West. Hast du verstanden: um neunzehn Uhr dreißig!«

Der Bildschirm wurde dunkel, und Ben hatte das Gefühl,

überrumpelt worden zu sein. Trotz aller Zweifel stand vom ersten Moment an fest, daß er der Einladung folgen würde. Trotz aller Bedenken, sich mit einem Mädchen zu treffen, überwog seine Neugier. Das war die Bestätigung: Barbara wußte etwas über seine Vergangenheit. Heute würde er es erfahren!

11.

Als er aus der überfüllten Untergrundbahn stieg, nieselte es, und er band rasch seine Atemmaske vor. Er ließ den Hauptstrom der Fahrgäste an sich vorüberziehen und sah sich dann auf dem verlassenen Bahnsteig um. Eine Minute lang glaubte er, unverrichteter Dinge wieder in den Wohnblock zurückkehren zu müssen, da löste sich eine Gestalt aus dem Schatten. Es war Barbara. Sie nahm ihn an der Hand und zog ihn mit sich fort. Sie hielten sich im Schatten. Obwohl in diesem Viertel vielleicht Übertretungen dieser Art nicht gar so selten waren, wollte er doch um keinen Preis mit einem Mädchen gesehen werden. Diesem Wunsch kam der Nebel entgegen, aber auch die Atemmasken und Regenumhänge aus Kunststoff verbargen die Personen, die darin steckten, in einer einheitlichen Anonymität.

Barbara führte ihn in ein Gebäude. Sie warteten einige Sekunden, bis niemand mehr in der Nähe war, dann betreten sie den Lift. Ben beobachtete, daß Barbara eine seltsame Zahlenkombination eintippte – sie berührte manche Tasten mehrmals, als gäbe es über die zwölf Stockwerke hinaus weitere Etagen, die man mit dem Aufzug erreichen konnte. Um so erstaunter war er dann, daß dieser absurde Gedanke der Wahrheit entsprach. An der kurz aufleuchtenden Zahl am Flüssig-Kristall-Schirm erschienen die Nummern weiterer Etagen: 13, 14, 15 ... vielleicht Maschinenräume, Zwischenböden für Reparaturen, verbotenes Terrain? Die Ziffernfolge ging weiter, der Lift hielt erst bei 76. Er mußte sich in einem der turmartigen Gebäude befinden, die sich an einigen Stellen der Stadt in unbekannte Höhen erhoben; die oberen Teile der Bauwerke konnte man nicht sehen, da sie stets im Nebel verborgen blieben.

Sie traten auf einen Korridor hinaus, und Bens Erstaunen ging in Ungläubigkeit über: Hier gab es eine Halle mit Wänden aus Spiegelglas und Marmor, der Boden mit dicken Teppichen belegt, an der Decke ein Raster von Lampen hinter geschliffenem

Glas. Wieder zog Barbara ihn weiter. »Wir dürfen uns hier nicht zu lange aufhalten!«

Sie kamen an eine Tür, und Barbara steckte ein Stück Silberfolie in den Schlitz für die Kennkarte. Sie lauschte ... zog die Folie schnell zurück und drückte auf eine Taste.

»Was tust du?«

»Die Wohnung steht heute leer. Eine Freundin von mir ist hier Stubenmädchen. Sie hat mir den Tip gegeben. Es hat mich zehn Punkte gekostet.«

»Aber wo sind wir?«

Sie hatten die Wohnung betreten – sie war ebenso großzügig angelegt wie die Halle – die Decke hoch über den Köpfen, riesige Räume, in denen man von einer Wand zur anderen zwanzig Schritte brauchte.

»Wußtest du das nicht? Das ist die Wohnung eines Angehörigen der B-Kategorie.«

Sie traten an eine Fensterwand; die Aussicht war überwältigend. Sie befanden sich hoch über dem Wolkenmeer, in einer Luft, die durch Schwebestoffe kaum getrübt war. Über ihnen wölbte sich ein schwarzblauer Himmel, im Westen lagen einige Wolken wie über dem Horizont dahingebreitet, von unten rosarot beleuchtet. Tief unter ihnen wogte es: das graue Meer des Smogs.

»Hier läßt es sich leben, nicht wahr?« Barbara war ganz nahe an Ben herangetreten, und dieser wich unwillkürlich zurück.

»Was ist mit dir los? Freust du dich nicht, daß wir wieder beisammen sind?«

»Hör zu, Barbara, ich weiß nicht, ob ich der bin, den du erwartet hast. Es scheint einen Zusammenhang zwischen uns zu geben, aber ich kenne ihn nicht. Meine Erinnerungen ... ich habe alles vergessen.«

»Vergessen? Wer möchte das nicht: vergessen? Aber komm, wir wollen die Zeit nützen!«

Sie trat an einen Wandschrank, klappte ihn auf – eine Batterie von Flaschen in allen Farben und Größen tauchte auf, wie von Geisterhand präsentiert. Barbara nahm zwei Gläser heraus und füllte sie. Eines davon reichte sie Ben. »Trink! Hör auf zu grübeln!«

Sie hob das Glas, berührte damit das seine. Die hauchdünnen Gläser begannen zu klingen, und es war, als rege sich etwas in Bens Erinnerung, diesmal kein Traum, sondern ein echtes Zeichen von vergangenen Dingen ... aber genauso schnell, wie dieser Eindruck entstanden war, verschwand er auch wieder. Ben trank die Flüssigkeit, die ein wenig süß, ein wenig scharf und ein wenig betäubend schmeckte – es mußte sich um konzentrierte Chemikalien handeln ... »Werden wir nicht ... können wir nicht?«

Barbara berührte mit den Fingerspitzen seinen Mund. »Mach dir keine Gedanken – alles ist in Ordnung!«

Durch eine Tür, die als Rundbogen in der Wand freigelassen worden war, ging Barbara in ein Nebenzimmer und verschwand hinter einer Ecke. Langsam trat Ben hinzu und blickte in einen Raum, der mit einem dicken, wolligen Teppich ausgelegt war – die gedrillten Fäden bildeten geradezu einen Rasen, in dem man mit den Füßen versank. An der rechten Seite setzte sich die Fensterwand fort, und darunter erstreckte sich ein riesiges Lager, mindestens sechs mal so groß wie seins in seiner Zelle.

Hinter sich hörte er ein Geräusch, er drehte sich um und erblickte Barbara. Sie hatte sich umgezogen. Sie trug ein Kleid, das sie von den Schultern bis zu den Füßen verhüllte, das bis zum Boden reichte und am Teppich streifte, und erst dann erkannte Ben, daß es halb durchsichtig war – zum ersten Mal sah er den Körper einer Frau, und das was er sah, stellte alle Puppen, die er bisher gehabt hatte, weit in den Schatten.

Das Gefühl der Abstoßung, des Ekels, das Vorstellungen dieser Art stets in ihm ausgelöst hatten, blieb zu seinem Erstaunen aus. Was blieb, war eine geradezu ekstatische Erregung, die ihn erfaßte, ein Taumel zwischen Jubel und tödlicher Verlegenheit, zwischen Verlangen und Furcht.

»Komm, komm!« flüsterte Barbara. Sie legte sich auf das Bett, streckte sich aus, räkelte sich.

»Ich wollte dich fragen ... wir müssen ...« Ben vermochte

nicht mehr, im Zusammenhang zu sprechen.

»Du brauchst mich nichts zu fragen. Es ist vorbei, und es ist gut, daß es vorbei ist. Wir sind beisammen, und mehr wünsche ich mir nicht ... komm!«

Sie zog ihn hinunter aufs Lager, und was nun geschah, geschah so selbstverständlich, daß er sich nachher nicht mehr an Einzelheiten erinnern konnte. Alles, was ihm blieb, war das Gefühl unbeschreiblichen Glücks, und das überwog bei weitem das Aufkommen der Scham darüber, daß er sich zu entsetzlichen Perversionen hatte hinreißen lassen, zu Dingen, die zu den übelsten Abweichungen gehörten, die denkbar waren.

Ben kam erst am nächsten Morgen in seinen Wohnblock zurück. Er hatte die ganze Nacht in der fremden Wohnung verbracht und während dieser Zeit ein rundes Dutzend Gesetze, Vorschriften und ungeschriebene Regeln verletzt. Im letzten Moment, als die Dämmerung schon aufkam, hatten sie sich hastig angekleidet, die Wohnung verlassen, waren mit dem Lift hinuntergefahren ... mit dem Nebel und dem säuerlichen Geruch nach Abgasen überfiel sie der Alltag. Wortlos gingen sie auseinander.

Soweit es Ben beurteilen konnte, war ihm nicht leicht nachzuweisen, wo er sich aufgehalten hatte; er konnte sich in Ruhe eine Ausrede ausdenken. Denn um eine Tatsache kam er nicht herum: widerrechtliches Fernbleiben während der Nachtstunden. Das brachte nicht nur Punktabzug, sondern meist auch eine Untersuchung ein. Als er den Wohnblock betrat, war er froh, keinem Menschen zu begegnen. Er ging in den Gymnastikraum und von dort in das kleine Verlies, in dem die Fitnessgeräte aufbewahrt wurden. Er schloß die Tür hinter sich und zog das Zellophanetui heraus, in dem er seine Kennmarke aufzubewahren pflegte. Er riß die durchsichtige Vorderseite heraus – sie hatte dieselbe Größe wie die Kennmarke – und rieb sie, so fest er konnte, an der Kunststoffmasse des Bodenbelags. An den winzigen Stäubchen, die sich daran festsetzten, konnte er erkennen, daß sie sich elektrisch aufgeladen hatte. Und dann steckte er sie in den Schlitz der Tür. Seine Hoffnung war es, daß die ladungsempfindlichen MOS-Schaltungen gestört wurden. Und diese Hoffnung fand er bestätigt, als er die Folie herauszog und statt dessen seine Kennkarte einsteckte: Die Tür öffnete sich nicht.

Nun wartete er, bis er im Gymnastiksaal Schritte hörte, und dann polterte er gegen die Tür. »Ich bin eingeschlossen, das Schloß ist kaputt!«

Es dauerte eine Weile, bis man ihn herausgeholt hatte. Sein erster Weg führte zum Moderator, wo er den Vorfall meldete. Er gab an, die ganze Nacht eingeschlossen gewesen zu sein und beantragte Befreiung vom morgendlichen Unterricht. Er mußte warten, bis ein Fachmann der Reparaturabteilung zur Prüfung des Vorfalls gekommen war, dann wurde er entlassen – und er erhielt sogar die Erlaubnis, sich den Morgen hindurch in seiner Zelle aufzuhalten.

Es war ein herrliches Gefühl, sich im Bett zu räkeln, während er die anderen in den Unterrichts- und Sportsälen wußte. Eigentlich hätte er ein schlechtes Gewissen haben müssen – er hätte nie von sich selbst gedacht, daß er sich so leichten Herzens über Grundregeln hinwegsetzen konnte, die sein Leben bisher bestimmt hatten. Aber woran es auch lag: Er fühlte sich herrlich, und es war nicht die wohlige Müdigkeit, die ihm angenehm erschien, sondern er verspürte auch ungeahnte Kräfte in sich, geradezu eine Lust, sich den Problemen zu stellen.

Unter diesen Umständen war es ihm fast unmöglich, den ganzen Vormittag tatenlos zu verbringen. Kurz entschlossen ging er hinunter ins Erdgeschoß, in den Sanitätsraum, und ließ sich Schlaftabletten geben. Unbemerkt konnte er eine Injektionsspritze einstecken ... fünf Minuten später lag er wieder in seiner Koje und erwartete die Traumbilder, die der Aktivierung vergrabenen Gedächtnisstoffs entspringen würden.

II.

*Die Straßen waren menschenleer und totenstill. Die Schnellbahn
hatte den Betrieb eingestellt, der Taxiverkehr war untersagt. Dafür patroullierten mit Polizisten besetzte Jeeps, und gelegentlich
rollte ein Panzer über den Asphalt.*

*Ben bewegte sich von Hauseingang zu Hauseingang. Vor jeder
Straßenecke blieb er stehen und vergewisserte sich, daß die Luft
rein war. Dann verschwand er in einem Durchgang. Im Hinter-
hof lag eine altmodische Druckerei, und hier stellten sie ihre
Flugblätter her. Viel mehr wagten sie nicht zu tun.*

*Von ihrer Gruppe waren nur noch wenige übriggeblieben, dar-
unter Jonathan, Hardy, Edwige und François. Die andern wollten seit ihrer Entlassung aus dem Gefängnis nichts mehr von Un-
tergrundaktivitäten hören.*

*Nur noch Ben hatte seinen Posten bei der zentralen Datenbank
behalten. Wie durch ein Wunder war er damals der Verhaftung
entgangen, und er wußte bis heute noch nicht, wer ihn damals angerufen hatte. War es ein Zufall gewesen, oder hatte ihn jemand
warnen wollen? Als er durch die Glasscheibe der Zelle die an-
rückenden Polizisten bemerkt hatte, hatte er sich geduckt und
war dann durch die Hintertür verschwunden; in seiner Brusttasche steckten die Papiere mit der Liste der Sabotagemethoden
und damit der greifbare Beweis für die aufrührerischen Absichten der Gruppe. Das war der Grund, weshalb man sie nicht lange
gefangen gehalten hatte. Auf diese Weise wurde Ben aber zum
Außenseiter. Er war der wichtigste Mann, der den Ereignissen
gewissermaßen von innen heraus folgen konnte; und wenn irgendeine der Aktionen die sie geplant hatten, realisiert werden
sollte, so würde er es sein, der die Finger auf die Tasten legte ...
Und doch war er mit seiner Situation nicht zufrieden. Denn obwohl man es ihn nicht merken ließ, war der Schatten eines Ver-
dachts auf ihn gefallen: Es gab einige, die ihn für einen Verräter
hielten – für jenen, der ihre Absichten und den Ort des Zusam-
mentreffens gemeldet hatte.*

Sie saßen im Hinterraum, dessen Zugang außen durch einen

Wandschrank verborgen war. Hier waren sie einigermaßen sicher.

Sie entwarfen den Text für ihr neues Flugblatt. Hardy notierte die Sätze auf einem Blatt Papier, und die anderen halfen ihm bei der Formulierung. Aber ihnen allen war klar, wie hoffnungslos ihre Lage war.

»Ich glaube, was wir hier tun, ist sinnlos«, sagte Edwige. »Seht euch das an: Da fordern wir zum Widerstand auf! Wer ist heute noch dumm genug, um Widerstand zu leisten! Er weiß, was er riskiert – Gefängnis, Straflager ...«

»Willst du vielleicht aufgeben!?« fragte François empört.

»Nein«, antwortete Edwige, »aber wenn wir uns nicht etwas Wirksameres einfallen lassen als fromme Sprüche, dann können wir gleich einpacken.«

»Glaube ja nicht, daß du dich so leicht von uns absetzen kannst«, rief François. »Du weißt doch selbst ...«

»Laß Edwige zufrieden«, unterbrach Jonathan. »Sie sagt doch nur, was wir alle denken.«

Hardy schob seinen Notizzettel von sich und legte den Bleistift darauf. »Und was schlägst du vor? Hast du eine bessere Idee?«

Jonathan wiegte den Kopf. »Vielleicht«, sagte er.

»So laß dir doch nicht jedes Wort einzeln herausholen!« forderte François.

»Hört einmal gut zu!« Jonathan senkte die Stimme, als fürchtete er, belauscht zu werden. »Mir ist da ein Gedanke durch den Kopf gegangen ... Und wenn ich recht habe – das wäre nun tatsächlich der Schlüssel zu unserem Problem.«

Wieder machte er eine Pause. »Wißt ihr, was eine strategische Zerstörung ist? Dieses Mittel wurde in allen Kriegen angewandt, und zwar immer dann, wenn sich Truppen zurückziehen mußten. Dabei ging es darum, wichtige technische Anlagen, die dem Feind nicht in die Hand fallen sollten, zu vernichten. Ich frage mich, ob nicht auch die Regierung für einen solchen Fall Vorsorge getroffen hat.«

»Was meinst du damit?«

»Vorsorge – in welchem Sinn? Was soll zerstört werden?«

Jonathan sagte mit festerer Stimme: »*Ich bin überzeugt davon, daß in die wichtigsten Einheiten des zentralen Computers Sprengsätze eingebaut sind. Und zweifellos gibt es einen Code, den nur die wichtigsten Leute an der Spitze kennen, mit dessen Hilfe sie sich auslösen lassen. Es ist doch klar: Um keinen Preis würden sie das Computersystem mit allen gespeicherten Daten und den unzähligen Programmen, auf denen ihre Macht beruht, anderen in die Hände fallen lassen. Versteht ihr, was ich meine?*«

Nun riefen sie alle durcheinander, fasziniert und begeistert von dieser Idee; seit langem zeichnete sich wieder so etwas wie Hoffnung in ihrer Stimmung ab. Doch es dauerte nicht lange, und sie kamen an den entscheidenden Punkt: Wie sollten sie an diesen Code herankommen?

»*Hast du dir darüber schon Gedanken gemacht?*« *fragte François.*

»*Ja*«, *antwortete Jonathan.* »*Wenn einer die Codenummer besorgen kann, dann ist es Ben.*«

Eine Forderung dieser Art hatte Ben bereits auf sich zukommen sehen, und doch war er jetzt überrumpelt . . . Alle blickten ihn an – war es bittend, verlangend, herausfordernd?

»*Ihr wißt, daß ich alles tue, was möglich ist*«, *sagte er zögernd.* »*Aber in diesem Fall – ich sehe keine Chance . . .*«

»*Du hast eine Chance*«, *sagte Jonathan.* »*Und deine Chance ist Barbara Boulanger.*«

»*Ich verstehe nicht . . .*« *stammelte Ben.*

»*Nun – du wirst doch auch bemerkt haben, daß Barbara an dir interessiert ist. Und Barbara ist Direktionsassistentin. Kannst du zwei und zwei zusammenzählen?*«

Ben schüttelte den Kopf. »*Ich habe nichts mit Barbara . . . Sie ist ein hübsches Mädchen, aber sie interessiert mich nicht . . .*«

»*Von nun an interessiert sie dich*«, *sagte Jonathan hart.* »*Ich glaube, wir haben uns verstanden.*«

Was an diesem Abend noch gesprochen wurde, ging an Ben vorbei – er hörte es nicht. Er dachte an Barbara . . . Jonathan war Psychologe, und vielleicht beobachtete er besser als andere. Wenn Ben es sich vergegenwärtigte – da gab es tatsächlich ge-

wisse Anzeichen ... Und eines ließ sich nicht ableugnen: Barbara war wirklich ein bemerkenswertes Mädchen – sie sah nicht nur gut aus, sondern sie war auch sympathisch ...

Das Angenehme mit dem Nützlichen verbinden? An so etwas hatte Ben vorher nie gedacht. Ich muß es tun, ich muß es tun, flüsterte eine Stimme in ihm. Nun gut – was blieb ihm anderes übrig?

Ein paar zufällige Begegnungen, einige freundliche Worte ...

Es war überraschend leicht gewesen. Jonathan kannte sich in menschlichen Regungen aus.

Gemeinsames Essen in der Kantine, ein Zusammentreffen in einem der wenigen Cafés, die noch geöffnet hatten.

Nur wenig später lud ihn Barbara zu sich ein. Sie besaß eine nette Wohnung in einem der riesigen Wohnblöcke, die für die höheren Angestellten der Datenbank bestimmt waren. Als Direktionssekretärin hatte sie vielerlei Möglichkeiten, die sich anderen nicht boten.

Sie lagen beisammen auf der breiten Couch. Nun, da Barbara ihre anfängliche Scheu verloren hatte, zeigte sie ein beachtliches Zärtlichkeitsbedürfnis, und Ben fand Gefallen an diesem Spiel. Am Anfang hatte er sich gefragt, ob er die schauspielerischen Fähigkeiten aufbringen würde, um einem Mädchen den Verliebten vorspielen zu können, aber bald hatte sich das erübrigt: Er brauchte ihr nichts mehr vorzumachen, er war wirklich verliebt. Und deshalb hatte er es vermieden, mehr als unbedingt nötig über die Datenbank zu sprechen, sie auszufragen und auszuhorchen. Doch seine Freunde wurden von Tag zu Tag ungeduldiger.

Er löste sich aus ihren Armen und zündete sich eine Zigarette an. »Was denkst du eigentlich über unsere Arbeit?« fragte er. »Hast du eigentlich keine Angst, dich mit mir sehen zu lassen? Bei den meisten gelte ich als Unruhestifter.«

»Ich weiß«, antwortete Barbara. »Vielleicht ist es gerade das, was mich auf dich aufmerksam gemacht hat. Du bist anders als die andern, nicht so unterwürfig und ergeben.«

»Und wie steht es mit dir? Du bist doch genau wie sie: Du unterwirfst dich den Regeln, tust was man dir befiehlt und hilfst so mit, die Menschen zu unterdrücken. Hast du schon einmal daran gedacht, auch etwas zu tun?«

Barbara richtete sich auf, stützte sich auf den Ellbogen und blickte ihn zärtlich an. »Wer sagt dir denn, daß ich nicht bereit bin, etwas zu tun? Hast du es für Zufall gehalten, daß du damals der Verhaftung entgangen bist?«

Ben fuhr hoch. »Das warst du? Hast du mich damals angerufen?«

»Ja«, antwortete das Mädchen. »Ich konnte es nicht zulassen, daß sie dich ins Gefängnis warfen. Ich glaube, ich war schon damals in dich verliebt.« Sie versuchte, Ben an sich zu ziehen, doch er blieb steif aufgerichtet sitzen. »Und die andern hast du in ihr Verderben laufen lassen?« Seine Stimme klang gepreßt vor Empörung. »Du hast nur an dich selbst gedacht, es ist dir gleichgültig, worum es geht!«

Für Barbara kam diese Reaktion überraschend. »Sei nicht bös!« bat sie. »Ich habe es doch nur gut gemeint. Schließlich ist dir einiges erspart geblieben. Deswegen brauchst du doch nicht so häßlich zu mir zu sein!«

»Hör zu, Barbara!« sagte Ben. »Du weißt, wie lieb ich dich habe. Aber was hat das alles für einen Sinn – jetzt, in dieser Situation. Schon heute ist Freiheit nur noch ein Wort, das auf dem Papier steht. In Wirklichkeit sind wir einem System ausgeliefert, das uns rücksichtslos unterdrückt – nur, damit es einigen Leuten an der Spitze gut geht. Wenn wir auf eine Zukunft hoffen wollen, dann müssen wir etwas unternehmen. Wir müssen unser persönliches Glück zunächst zurückstellen und uns für die Gemeinschaft einsetzen. Schließlich tun wir es ja für uns selbst.«

»Aber was können wir schon tun?« fragte Barbara.

»Es gibt da eine Möglichkeit . . .« Schnell und hastig, als gelte es, die verlorene Zeit einzuholen, berichtete er von der geheimen Codenummer. »Es besteht kein Zweifel daran, daß sie deinem Chef bekannt ist«, sagte er. »Du brauchst nichts anderes zu tun, als mir diese Nummer zu beschaffen. Du hast Zugang zu seinem Schreibtisch, zu seinem Notizblock, zu seinen Akten. Du *brauchst nur zu suchen. Und wenn du sie gefunden hast, sagst du sie mir. Das ist alles. Wirst du es tun?«*

Barbara lag tief in den Kissen vergraben. Während seiner Ausführungen hatte sie geschwiegen. Ihr von langem blondem Haar umrahmtes Gesicht sah seltsam hilflos aus. Sie sagte auch nichts, als Ben nun wieder schwieg, doch sie preßte sich mit Leidenschaft an ihn, als er sich über sie beugte und ihre Stirn, ihre Wangen und ihren Mund küßte.

»Wirst du es tun, Barbara?« fragte Ben dann noch einmal.

»Ja.« Es war kaum hörbar. »Ich tue alles für dich, Ben. Ja – ich will es versuchen.«

Nun hatte er die Codezahl. Barbara hatte ihn nicht weiter darüber informiert, auf welche Weise sie sie gefunden hatte. Es schien, als wollte sie nicht daran erinnert werden. Und als sie sich liebten, tat sie es mit einer Intensität der Gefühle, über die Ben fast erschrak, denn sie sah diesmal nicht glücklich aus – eher verzweifelt.

Und auch für Ben war es kein lustvolles Erlebnis. Er flüsterte zärtliche Worte, malte ihr eine rosige Zukunft aus, aber er fragte sich insgeheim, ob sich auch nur der geringste Teil davon verwirklichen würde ...

Und dann verabschiedete er sich schnell – so schnell, daß er fast die Grenze zur Schroffheit streifte.

Seine Freunde erwarteten ihn. Mit hungrigen Augen starrten sie ihn an – so kam es ihm vor.

Ben versuchte das Gefühl des Stolzes ein paar Sekunden lang auszukosten – doch dann merkte er, daß es ganz anders war, als er es sich ausgemalt hatte. »Hier ist sie!« sagte er und warf den Zettel hin, auf den er ein paar Buchstaben und Zeichen gekritzelt hatte.

»Du mußt den Code selbst eingeben«, sagte Hardy.

»Ich selbst?« fragte Ben zurück.

»Wer sonst?«

»Ich kann mir kein rechtes Bild vom Ausmaß der Zerstörungen machen«, sagte Ben. »Vielleicht fliege ich dann mit in die Luft.«

»Willst du das Risiko nicht eingehen?« fragte François.

»Könntest du nicht eine äußere Datenstation benützen?« fragte Hardy.

Ben überlegte eine Weile, dann fragte er: »Das würde schwierig sein – mein Arbeitsplatz liegt im Zentrum, und an andere Eingabegeräte komme ich nicht heran. Es gibt aber eine andere Möglichkeit: Ich lasse ein Programm laufen, durch das am Schluß der Zerstörungsbefehl gegeben wird. Inzwischen kann ich das Gebäude verlassen.«

»Und wann soll das geschehen?« fragte François.

»Am besten gleich morgen«, sagte Hardy, »sonst kommt am Ende noch etwas dazwischen.« Er wandte sich an Ben: »Bist du eigentlich sicher, daß Barbara dicht hält?«

Ben nickte. »Sie verrät uns nicht.«

»Da wäre noch etwas . . .« sagte Jonathan gedehnt.

»Du hast sicher nicht übersehen, daß Barbara in der Zentrale sein wird – ich meine, während . . .«

»Ich werde veranlassen, daß sie an diesem Nachmittag nicht in der Zentrale ist«, sagte Ben.

Alle starrten ihn an.

»Das wirst du nicht!« sagte Hardy. »Sie könnte sich denken, was geschieht. Sie könnte schwach werden. Nein, Ben, du darfst sie nicht warnen!«

»Was Hardy sagt, ist richtig«, bestätigte Jonathan. Und es war wie ein Todesurteil.

»In Ordnung«, sagte Ben.

In dieser Nacht konnte er nicht schlafen. In den letzten Jahren hatte er schon eine Menge Sabotageakte unternommen, und niemals hatten ihn irgendwelche düsteren Vorahnungen geplagt, nie hatte er Zweifel gehabt, niemals Angst. Diesmal war es anders. Er konnte sich den Grund dafür selbst nicht erklären – denn es handelte sich ja nicht darum, ein Gebäude in die Luft zu sprengen; vielmehr würden einige kleine Sprengsätze explodieren, die aus sinnvollen Schaltungen ein Gewirr aus Blech und Draht machen würden. Und das war auch schon alles. Zerrissene Leitungen, zerstörte Speicher . . . Was lag schon daran?

Aber er war sich auch im klaren darüber, daß das zentrale Rechenwerk etwas anderes war: Es war das Gehirn eines riesigen Systems, und daran hingen so gut wie sämtliche Maschinen des Landes – von den Kraftwerken bis zum letzten Telefon. Was würde geschehen, wenn das Gehirn erstarb? Würden die Anlagen an der Peripherie dann stillstehen? Oder würden irgendwelche Prozesse weiterlaufen – ungehemmt, unkontrolliert? In den Kernkraftwerken, in den Waffenfabriken, in den Raffinerien ...? Er mußte sich die Antwort schuldig bleiben. Doch es gab keinen Schritt zurück.

Und dann dachte er an Barbara. Er hätte diese Nacht mit ihr verbringen können, aber er war nicht dazu fähig gewesen. Was sollte er tun?

Als er am nächsten Tag ins Büro ging, versuchte er so ruhig zu sein wie immer, sich nicht auffälliger, aber auch nicht unauffälliger zu benehmen als sonst.

Er versäumte keine Zeit. Er setzte sich an sein Pult und gab die Anweisungen für den Programmablauf, den er sich zurechtgelegt hatte. Er gab den Code ein, der später aufgerufen werden würde, und gab die Anweisung zum Start. Nun war nichts mehr aufzuhalten.

Bevor er das Gebäude verließ, trat er in die öffentliche Videozelle. Mit einer Hand hielt er das Fernsehauge zu, als er die Nummer von Barbara wählte. Er wartete ... Dann hörte er ihre Stimme.

»Ich glaube, du weißt, wer spricht. Du erinnerst dich: Einmal hast du mich gewarnt. Heute warne ich dich. Verlasse sofort das Gebäude, unverzüglich! Schau, daß du möglichst weit wegkommst. Leb wohl!«

Er war ein Risiko eingegangen, und er hatte gegen den Rat seiner Freunde gehandelt. Aber es hatte keine andere Wahl für ihn gegeben. –

Tagsüber durften Taxis verkehren. Es waren nicht mehr allzu viele, aber wer sich rechtzeitig anmeldete, konnte eins bekommen. In einem davon wartete Hardy auf Ben – einen Häuserblock weiter. Sie fuhren unverzüglich los, auf einer geraden Linie von der Zentrale weg. Allerdings kamen sie nicht allzuweit, denn der Fahrer hielt sich streng an die Höchstgeschwindigkeit von 30 km pro Stunde. Nur Polizeifahrzeuge durften schneller fahren.

25 Minuten später bemerkten sie das erste Anzeichen ihrer Aktion: Die Lichter der Ampeln waren erloschen. Zwei Minuten danach hörten sie einige Explosionen, und dann leuchtete ein Lichtblitz auf – heller als tausend Sonnen. Sie wurden nicht direkt von ihm getroffen – der Taxifahrer bremste jäh, und das Fahrzeug stieß mit einem dumpfen Schlag an die Bordsteinkante.

Und dann sahen sie den riesigen Rauchpilz, der sich am anderen Ende der Stadt, dort wo das Reaktorversuchsgelände lag, bis an die Grenzen der Wolkendecke aufwölbte. Erst ein paar Atemzüge später kam die Welle der Zerstörung: Fensterscheiben barsten, Häuserwände stürzten ein, Dächer wurden abgetragen. Menschen hetzten über die Straßen, warfen sich in Nischen, suchten Schutz in Hauseingängen – und wurden doch von stürzenden Gesteinstrümmern erfaßt. Plötzlich waren sie von Staubschwaden eingehüllt, die den Atem unterbanden. Die Stadt versank unter einer Hülle von Dunkelheit.

12.

Die Szenen, die das chemische Präparat in ihm lebendig gemacht hatte, waren nicht weniger bewegt als jene des ersten Traums. Aber es war, als hätte er sich daran gewöhnt: Nun stand er seinen Erlebnissen weitaus kühler gegenüber, er vermochte sie nüchtern zu analysieren. Noch ließ sich nicht entscheiden, was davon auf Tatsachen beruhte und was nicht, aber es bestärkte ihn in seiner Absicht, den Dingen auf den Grund zu gehen und sich durch nichts beirren zu lassen. Schon an diesem Nachmittag wollte er die dritte Person seiner Liste aufsuchen: Jonathan Vauman.

Als er kurz vor zwei den Korridor entlangging, trat wie zufällig Oswaldo Efman aus seinem Büro. Ben hatte das leise Gefühl, daß das kein Zufall war.

Oswaldo legte ihm den Arm auf die Schulter. »Ich habe eine erfreuliche Nachricht für dich: Du kannst heute schon in der Abteilung für psychologische Programmierung beginnen.«

»Oh – ich hätte nicht gedacht, daß das so schnell möglich ist. Ich habe ja den Kurs noch nicht absolviert ...«

»Ach was – was bedeutet schon ein Kurs! Du wirst dich rasch einarbeiten. Ich werde Gunda zu dir schicken – sie kann dir beim Umzug helfen.«

»Ich habe meinen neuen Fall noch nicht abgeschlossen ...« sagte Ben.

»Das braucht dich nicht zu kümmern. Er ist nicht wichtig. Dein Nachfolger kann ihn übernehmen.«

»Wer wird mein Nachfolger sein?«

»Vorderhand haben wir noch keinen, aber es hat ja keine Eile.«

»Trotzdem – ich möchte meine Arbeit nicht unabgeschlossen liegenlassen. Es kann sich nur noch um ein paar Tage handeln.«

Oswaldo trat einen Schritt von Ben weg. Noch immer freundlich, doch mit Nachdruck in der Stimme sagte er: »Ich möchte, daß du gleich mit deiner neuen Arbeit beginnst.« Er winkte ihm zu und ging in sein Büro zurück.

Wenige Minuten später erschien Gunda. Er hatte sie bisher meist nur aus der Ferne gesehen und kaum mit ihr gesprochen. Diesmal blickte er sie mit anderen Augen an. Sie war hübsch. Ihre Züge waren ebenmäßiger als jene von Barbara. Sie hatte eine samtene hellbraune Haut und schwarzes Haar. Sie setzte sich vor ihn auf das Pult; es hatte den Anschein, als wolle sie ihm eher beim Aufräumen zusehen, als ihm behilflich sein. Oder wollte sie ihn beobachten?

Ben packte die wenigen Dinge zusammen, die ihm gehörten, und steckte sie in eine Mappe. »Wir können gehen«, sagte er.

»Willst du die Daten nicht an den Hauptspeicher zurückgeben?« Gunda lächelte ihn an und schlenkerte mit den Beinen.

War das ein freundschaftlicher Rat? War es ein Befehl? Jedenfalls entsprach es den Vorschriften, und er mußte sich danach richten.

Er sah sie forschend an, und sie erwiderte seinen Blick.

Ben stellte den Hauptschalter auf Rot und tippte einige Zeichen in den Fernschreiber. Im Prinzip wäre er mit einigen wenigen Anweisungen ausgekommen, aber er tat ein übriges, ordnete einige Adressen, codierte Daten um, und er machte es so schnell, daß jemand, der kein versierter Programmierer war, kaum die Übersicht behalten konnte. Aus den Augenwinkeln heraus blickte er immer wieder zu Gunda hinüber, und sie sah ein wenig irritiert aus.

So konnte er es riskieren: Zwischen einigen harmlosen Befehlen definierte er einen neuen Code und meldete einen Rückrufvorbehalt an. Die Zeilen wurden so schnell gelöscht, wie sie auf dem Bildschirm erschienen waren, es handelte sich um selten gebrauchte Symbolkombinationen, und so hoffte er, daß sie Gunda unbekannt waren.

Er stand auf. »Ich bin soweit. Zeigst du mir meinen neuen Arbeitsplatz?«

»Gern. Wir müssen zur nächsten Etage hinauf – komm!«

Der neue Arbeitsplatz unterschied sich nur in einigen unwesentlichen Dingen von seinem alten, und doch konnte der Eingeweihte an dem zusätzlichen Ablagetisch, der polierten

Schreibplatte und dem gepolsterten Sitz die höhere Kompetenz ablesen.

Ben nahm seinen Notizblock aus der Tasche und legte einen Metallstift dazu. »Fertig«, sagte er.

»Vorderhand bekommst du noch keinen neuen Auftrag«, erklärte Gunda. »Hast du Lust, mit mir ein Glas Mentholtee zu trinken?«

Wieder wandte Ben sich dem Mädchen zu, äußerlich freundlich, doch innerlich wachsam – was wollte sie von ihm? Was bedeutete diese unerwartete Freundlichkeit? Sollte sie ihn überwachen? Sollte sie ihm eine Falle stellen? Durfte er noch daran glauben, daß die Einmaligkeit seines letzten Auftrags den höheren Stellen entgangen war, oder versuchte man ihn jetzt auf einem unauffälligen Weg kaltzustellen?

»Ich würde gern mit dir Tee trinken«, sagte er und lächelte ihr zu, »doch ich fürchte, das würde Gerede bei den Kollegen geben.« Offensichtlich hatte sein Umzug die Neugier der anderen erregt; schon einige Male waren sie unauffällig vor dem Eingang zu seinem Abteil vorbeigegangen, und nun näherten sich drei Männer, um Ben zu begrüßen. Er zuckte bedauernd die Schulter, und zu seiner Genugtuung ging Gunda darauf ein und nickte ihm zu. »Schade – aber wir sehen uns bald wieder!«

Es war klar, daß sich Ben nun einige Minuten seinen Besuchern widmen mußte, doch er hatte vor, sie rasch abzufertigen, und das gelang ihm auch. Endlich saß er unbehelligt vor seinem Pult und stellte den Betriebsschalter ein. Es war nicht nötig, sich besonders mit dem System vertraut zu machen; es war dasselbe wie jenes, an dem er bisher gearbeitet hatte, nur die Kapazitäten, über die er jetzt verfügte, waren etwas größer. Das konnte nicht schaden.

Er tippte die neue Code-Nummer ein und versuchte einen Rückruf seines alten Programms. Und tatsächlich, sein Trick hatte funktioniert: Da liefen wieder die Daten über den Bildschirm, mit denen er sich so intensiv beschäftigt hatte wie mit keinen zuvor. Das war sein Fall, sein ureigener Fall, und er würde ihn sich von niemandem streitig machen lassen.

Der nächste wesentliche Schritt, der ihm bevorstand, war der Besuch bei Jonathan. Unter den gegebenen Umständen konnte er es nicht mehr riskieren, ihn während der Dienstzeit zu besuchen. Er mußte dazu den Abend verwenden, und er hoffte, daß man ihm trotzdem eine offizielle Mission glauben würde.

Den Nachmittag hindurch beschäftigte er sich mit den Daten von Jonathan, und das, was er dabei feststellte, verhieß keine guten Aussichten auf Erfolg. Aber er mußte sein Glück versuchen.

Auszug aus dem Register für Schutz- und Sicherheitsmaßnahmen

Betrifft: Zufallsgeneratoren

Zufallsgeneratoren können als apparative Maßnahmen zur Erzeugung unvorhergesehener Ereignisse angesehen werden. Diese folgen keinen absoluten, sondern nur wahrscheinlichkeitstheoretischen Gesetzen und genügen daher nicht den Anforderungen der uneingeschränkten Sicherheit. Sie erhöhen die Entropie der Welt und stehen somit dem allgemeinen Ziel des Übergangs zu einem höheren Ordnungszustand entgegen. Insbesondere in ihrem Einsatz für wissenschaftliche, technische und ästhetische Zwecke führen sie zur Entstehung unkonventionellen Gedankenguts und wirken sich somit für das soziale Gleichgewicht negativ aus.

Die Wissenschaft zeigt, daß Zufallsgeneratoren auch in der physikalischen und biologischen Welt auftreten, wo sie zumeist im Sinn von Quantenverstärkern arbeiten. Auch hierin liegt eine Quelle entropischer Prozesse, die einen Trend zum Chaos mit sich bringen (Wärmetod). Es muß somit Ziel der Forschung sein, Maßnahmen zur Eindämmung von unbeabsichtigten Zufallsprozessen und zur Eliminierung von Zufallsgeneratoren aus unserer Zeit zu entwickeln.

Ein gezielter Einsatz stochastischer Prozesse erfolgte bisher gelegentlich auch im Sozialstaat, beispielsweise, um eine gerechte Verteilung von Vorteilen, Mangelprodukten, genetischen Eigenschaften usw. zu erreichen. In diesen Fällen ist der bedenkliche Einsatz von Zufallsgeneratoren aber keineswegs gerechtfertigt. Ziel einer Reihe von Forschungsarbeiten ist ein Modus, nach dem derartige Verteilungsprozesse von den psychologischen Eigenschaften der Empfänger abhängig gemacht werden. Solange ein Regulativ dieser Art nicht zur Verfügung steht, ist die Verteilung nach Zufallszahlentabellen vorzunehmen. Da auch deren Gebrauch keineswegs unbedenklich ist, fallen diese unter die Geheimnisklausel und sind nur dem Personenkreis der Klassen A und B zugänglich zu machen.

In speziellen Bereichen der Soziostruktur galten Zufallsgeneratoren bisher als unentbehrlich, beispielsweise bei Spielen und Verlosungen (Spielwürfel und Lotteriemaschinen). Dieses Verfahren bringt einige Risiken mit sich; so ist es möglich, daß auf diese Weise Personen zu Vorteilen gelangen, die sich für den Staat nicht in nötigem Maß eingesetzt haben. Neuerdings werden daher die Gewinne bei Spiel und Lotto nach einem System vorgenommen, das die Verdienste der Beteiligten berücksichtigt. Diese Methode führt in das Wirkungsgefüge einen psychologischen Verstärker ein, der zu einer Intensivierung der Bemühungen im Sinne von Staatsinteressen führt.

13.

Wie schon zweimal in diesen Tagen, so führte Bens Weg auch diesmal in den Nordwesten der Stadt, in jenen Teil, in dem die Angehörigen der niedrigen Kategorien lebten. Auf den ersten Blick unterschied er sich nicht von den anderen Vierteln – es gab dieselben zwölfstöckigen Einheitsbauten mit den Schlaf- und Wohnheimen, den Unterrichts-, Gymnastik-, Eß- und Unterhaltungsräumen –, doch wenn man genauer hinschaute, dann merkte man den Hauch von Verwahrlosung: Auf den Gehsteigen lagen Abfälle, die Laufbänder waren verschmiert, die Geländerstangen fühlten sich klebrig an. Und die Leute waren schlampig gekleidet, sie schienen keinen Wert darauf zu legen, ob ihnen die Overalls zu groß oder zu klein waren, ob sie beschmutzt oder zerrissen waren. Am meisten aber erschreckte Ben immer wieder die Verschiedenheit der Gesichter, die Unebenmäßigkeit der Züge, die Abweichungen vom Normalbild eines gesunden Mitglieds der Freien Gesellschaft.

Ben hatte keine Schwierigkeiten, den Wohnblock von Jonathan zu finden. Es gab auch keine Hindernisse, und doch wußte er, daß er eine Spur zurückließ: Jedes Einstecken der Streckenkarte F wurde registriert, an jedem Gatter mußte er seine Erkennungskarte einschieben, und wenn sich die Schranke auch unverzüglich zur Seite bewegte, so waren die ausgelösten Impulse doch längst zur Zentrale gelaufen und dort abgespeichert worden. Aber Ben hatte sich schon mit dem Gedanken abgefunden, daß sein Tun sowieso nicht verborgen bleiben konnte, und so ging es ihm eher darum, seine letzten Ermittlungen schnell abzuschließen, als seine Spur zu verwischen.

Vor Jonathans Zelle angekommen, stellte er fest, daß der Vorhang aufgezogen war – sie war leer.

Er wandte sich an einen Mann, der sich mit einem Papiertaschentuch die schmierigen Hände abwischte – ein unappetitlicher Anblick. »Ich suche Jonathan Vauman. Kannst du mir sagen, wo er ist?«

Der Mann drehte sich um, als hätte er sich über eine Störung zu beklagen. »Laß mich in Ruhe, was geht mich Jonathan an?«

Ben sah sich nach einer anderen Person um, die er fragen könnte. Er bemerkte, daß er von einer Koje aus beobachtet wurde; der Vorhang war halb aufgezogen, dort saß ein Mann und ließ die Beine herabbaumeln.

»Weißt du, wo Jonathan ist?«

»Ich habe nichts mit ihm zu tun! Von mir können Sie nichts erfahren – tut mir leid.« Abrupt zog er die Beine an, zog sich in seine Zelle zurück und schob den Vorhang vor.

Ratlos stand Ben eine Weile herum, dann entschloß er sich, den Moderator aufzusuchen.

Er fand ihn in der Glaskanzel an der Stirnseite der Halle, stieg die Leiter hinauf und fragte wieder nach Jonathan Vauman.

»Was willst du von Jonathan?« fragte der Moderator; sein Mißtrauen war unverkennbar.

»Ich will ihn besuchen, ist dagegen etwas einzuwenden?«

»Hör zu«, sagte der Moderator, »ich rate dir: verschwinde! Sonst werde ich deine Personalien feststellen lassen. Wo kommst du überhaupt her?«

Ben blieb nichts anderes übrig, als sich auszuweisen. »Ich bin im Dienst hier, im Auftrag der Abteilung. Jetzt sag mir endlich, was mit Jonathan los ist!«

Das Benehmen des Moderators änderte sich schlagartig. »Entschuldigen Sie ... ich konnte nicht wissen ... Jonathan wurde vor zwei Tagen abgeholt. Eine akute Psychose. Er war nie ganz gesund, wir hatten häufig Scherereien mit ihm.«

»Was für Scherereien?«

»Nun, Ärger, Unruhe ... was soll ich Ihnen sagen? Erkundigen Sie sich bei den Ärzten. Die wissen mehr.«

Es war deutlich zu erkennen, daß er keine weitere Auskunft zu geben bereit war. Er schrieb einige Buchstaben und Ziffern auf einen Zettel und schon ihn Ben hin: die Adresse einer Klinik. Ben bedankte sich und ging.

Wieder mußte er sich ausweisen – als harmloser Besucher hatte er hier von vornherein keine Chance. Es dauerte dann eine

Weile, bis ein Psychiater erschien, der bereit war, ihn zu Jonathan zu führen. Sie gingen zum Lift, fuhren einige Etagen abwärts, dann ein endloser Korridor. Rechts und links Türen mit runden Glasfenstern. Die Scheiben glänzten kupferfarben – offenbar gaben sie den Blick nur in eine Richtung frei. Ben versuchte hineinzuspähen, doch konnte er nichts erkennen. Und dann erschrak er, als er dicht hinter einer dieser Scheiben ein Gesicht erkannte, eher eine Fratze, eine breite, platte Nase, Augen, die ins Leere starrten ...

»Da sind wir schon«, kündigte der Psychiater an. Erst warf er einen prüfenden Blick durch das Fenster, dann steckte er die Schlüsselkarte ein – die Tür glitt auf. Sie traten ein.

Ben erkannte Jonathan, den er sich auf den Fotos genau angesehen hatte, kaum wieder. Der Mann kauerte in einer Ecke des Raums, seine Glieder zuckten. Den Kopf hielt er gesenkt.

»Es wird nicht viel mit ihm anzufangen sein«, sagte der Arzt.

Jonathan schien zu lauschen, dann hob er den Kopf ... Sein Blick glitt über den Arzt, dann über Ben ... Plötzlich sprang er auf, sprang vor diesen hin, packte ihn am Kragen, zerrte daran ... »Das hätte ich mir denken können – dir habe ich das zu verdanken. Du Verräter! –«

Der Psychiater blickte Ben vielsagend an, als wollte er sagen: Na, siehst du!

»Du bist schuld, daß wir damals aufgeflogen sind. Und mit solchen Feiglingen wollten wir eine Revolution machen –« Noch immer zerrte er an Bens Kragen, der ihn unentschlossen abwehrte.

»Der Mann ist völlig durcheinander. Er weiß nicht, was er spricht«, sagte der Psychiater.

»Du hast uns alle auf dem Gewissen! Mich und Barbara und Hardy! Und nun hast du dich mit diesen da arrangiert!« Er ließ von Ben ab und deutete auf den Arzt. »Weiß er überhaupt, daß du dazugehört hast? Was haben sie dir dafür gegeben?« Jonathan hatte Mühe zu sprechen. Es war, als könne er Lippen und Zunge genauso wenig unter Kontrolle halten wie die übrigen Glieder, die heftig schlingerten und zuckten. Ben versuchte den

Redefluß von Jonathan zu unterbrechen. »Ich muß dir einige Fragen stellen. Sei bitte still! Kannst du mich verstehen?«

Wieder ging Jonathan auf Ben los, und er schrie dabei – die vor Anstrengung japsende Stimme ging in ein Krächzen über: »Verräter! Feigling! Miststück! –«

Ben hatte nicht ahnen können, was ihn erwartete. Diese Szene war mehr als unangenehm, sie konnte die Katastrophe auslösen, die er unausweichlich auf sich zukommen sah. Der Arzt brauchte nur einmal aufzuhorchen, sich Jonathans Beschuldigungen durch den Kopf gehen lassen …

»Alles Halluzinationen, Phantasien eines Irren!« Jetzt kam er Ben zu Hilfe, drängte Jonathan zurück; es bereitete ihm keine Mühe – der Kranke hatte seine letzten Kräfte verbraucht. Als Ben und sein Begleiter draußen standen und durchs Fenster blickten, saß er wieder in der Ecke und stierte auf den Boden.

Diese Episode hatte Bens Nerven beansprucht. Der Psychiater bemerkte es und bot ihm einige Psychodrops an. »Machen Sie sich nichts daraus! Diese manisch-depressiven Typen basteln sich eine irre Scheinwelt, aus der sie nicht mehr herausfinden. Sie beziehen die Personen ihrer Umgebung in ihre Phantasien ein, sehen sich von überall her bedroht. Schwerer depressiver Schock, Verfolgungswahn.«

Ben schüttelte die Beklemmung von sich ab. »Da ist wirklich nichts zu machen. Gehen wir!«

Als er sich in einem Wagen der Untergrundbahn auf dem Weg nach Hause befand, fielen ihm zwei Dinge auf: Erstens hatte sich der Arzt mit keiner Frage danach erkundigt, was Ben mit seinen Ermittlungen bezweckte. Und zweitens war Jonathan ein unheilbarer Fall – wenn der Zustand, in dem er sich befand, tatsächlich ein naturgegebenes Leiden war. Dann aber, und das gab Ben zu denken, hätte man sich nicht die Mühe gemacht, ihn in einer Zelle zu pflegen. Für ihn wäre die vorzeitige Nihilation fällig gewesen.

Es ware eine lange Fahrt. Ben hatte nicht auf seine Umgebung geachtet und schreckte auf, als der Wagen mit einem Kreischen der Räder durch eine Kurve fuhr. Er bemerkte, daß er sich allein im Abteil befand. Draußen herrschte Dunkelheit, nur die Lichtschlange der Radiofluoreszenzlampen hüpfte auf und ab, wich einmal ein Stück weiter zurück, um dann wieder vorzuschnellen …

Da: die Lichter eines Bahnsteigs. Hier hätte Ben aussteigen müssen, aber zu seinem Erstaunen fuhr die Bahn ohne zu halten durch. Er stand auf, ging zur Tür, suchte nach einem Schaltknopf, doch die Untergrundbahn funktionierte vollautomatisch, und es gab weder Tasten noch Schalter, nicht einmal eine Notbremse.

Ein zweiter Bahnsteig flog vorbei, wieder eine Kurve … eine leise Verlangsamung an einer ansteigenden Strecke, dann eine sich beschleunigende Fahrt hinunter … Die Bahn mündete in einen engen Kreis, Ben wurde durch die Zentrifugalkraft an die Wand gepreßt. Der Zug hielt mit kreischenden Bremsen, die Tür glitt auf … draußen wieder ein Bahnsteig, aber keine Stationstafel, kein Hinweis auf den Ort. An der Wand altmodische Plakate, darunter Holzbänke, von denen die Farbe abblätterte. Als er auf die Plattform hinaustrat, bemerkte er, daß seine Füße in Staub einsanken. Es mußte sich um eine aufgelassene U-Bahnstation handeln, aus einer Zeit, die er nur vom Geschichtsunterricht her kannte. Einen Moment flackerte Interesse in ihm auf, und er trat an die Plakatwand heran. Die Schriftzüge waren vergilbt und kaum noch leserlich. Dagegen waren einige Bilder noch recht gut erhalten, doch Ben konnte sich nicht erklären, weshalb man Abbildungen dieser Art in eine U-Bahnstation gebracht hatte: eine schäumende Flüssigkeit in Gläsern, ein Fahrzeug mit Gummireifen und einem bis zu den Rädern hinunterlaufenden gekrümmten Dach, bunt gekleidete Menschen, die auf Skiern über eine Schneepiste fuhren und so fort. Und dann zuckte er zusammen: Auf vier kleineren, grau bedruckten Blättern erkannte er die Porträts von Barbara, Hardy, Jonathan und – sein eigenes. Er versuchte den Staub wegzuwischen, die Schrift darunter zu entziffern – in altmodischen Buchstaben las er FAHNDUNGSBEFEHL … VERBRECHEN DES AUFSTANDS …. GEFÄHRLICH, BE-

NUTZT WAFFEN . . . POLIZEI ZU VERSTÄNDIGEN . . .

Ben glaubte ein Geräusch zu hören und drehte sich um . . . ein Schatten hinter einer Säule.

Die Situation war ihm bisher schon unheimlich genug gewesen, doch nun spürte er nackte Angst. Er fühlte, daß sein Mund trocken wurde – nervös feuchtete er sich die Lippen mit der Zunge an. Er drehte sich um, versuchte, in der trüben Dämmerung etwas zu erkennen . . . Hinter ihm ein Geräusch, Schritte. Dort trat eine Gestalt aus dem Dunkel – er hatte sich nicht getäuscht. Wieder Schritte, er blickte nach links, und auch dort war jemand aufgetaucht. Jetzt kamen sie von allen Seiten, Menschen, in dunkle Regenumhänge gemummt, die Gesichter verhüllt.

»Weißt du, wer wir sind? Erkennst du uns wieder?«

»Nein«, antwortete Ben und räusperte sich, da er Schwierigkeiten hatte zu sprechen.

Er fühlte einen schmerzhaften Stoß in den Rippen. »Das wird deiner Erinnerung helfen!«

»Ich weiß nicht . . . wer seid ihr?« Ben versuchte zurückzuweichen, aber der Ring um ihn hatte sich geschlossen.

»Es paßt uns nicht, daß du dich in unsere Angelegenheiten mischst! Es scheint dir Vergnügen zu machen, andere ans Messer zu liefern! Aber das werden wir dir austreiben!« Sie drängten sich noch dichter um ihn, seine beiden Arme wurden von hinten erfaßt und zusammengepreßt. Er versuchte, sich dem Griff zu entziehen, doch die anderen verfügten über eine rohe Kraft, gegen die er wehrlos war. Der vor ihm stehende Mann griff in seine Tasche und holte sein Ausweisetui heraus. Er entnahm ihm die Kennkarte, sah sie einen Moment lang aufmerksam an und steckte sie dann in einen flachen Behälter, den man ihm von hinten reichte. Ein leises Summen erklang, dann zog der Mann die Karte wieder heraus, steckte sie ins Etui und dieses zurück in Bens Tasche.

»Das ist unsere erste und letzte Warnung«, sagte eine Stimme dicht an seinem Ohr. Jemand hatte ihn am Genick ergriffen, so daß er nicht einmal den Kopf wenden konnte. »Stell deine

Nachforschungen ein, oder es wird dir schlecht ergehen!«

Der Ring um ihn öffnete sich, doch noch fühlte er Hände an Armen und Genick. Dann erhielt er einen schmerzhaften Stoß und stolperte ins Innere des U-Bahn-Wagens. Die Tür schloß sich, der Ruck der Anfahrt warf ihn auf einen Sitz. Der Wagen vollendete die vorhin begonnene Kreisbahn und bewegte sich wieder in den Tunnel hinein. An der nächsten Haltestelle hielt er ordnungsgemäß, und Ben sprang hastig auf und lief hinaus.

Er erreichte unangefochten seinen Wohnblock, knapp vor Beginn der Nachtruhe.

Er warf sich aufs Lager, und jetzt erst fühlte er, daß ihm übel war und daß sein Kopf schmerzte. Er nahm zwei Beruhigungstabletten. Allmählich entspannte er sich.

Nach einer Weile richtete er sich auf und holte aus dem Versteck unterhalb der Lampenfassung die Ampulle und die Injektionsspritze. Er mußte dem Geheimnis auf die Spur kommen: mit allen Mitteln.

III.

Tag und Nacht dröhnten die Sprengungen. Die Ruinen, die von der Stadt übriggeblieben waren, wurden systematisch dem Boden gleich gemacht. Hinter den Sprengkommandos kamen die Bulldozer und Planierraupen – eine neue, lichte, saubere und gesunde Stadt sollte dort entstehen – so hieß es.

Sie lebten zu fünft in dem Keller eines halbzerstörten Hauses. Er schien als Lagerraum gedient zu haben – sie hatten einige Säcke mit Baumwolle oder einem ähnlichen Material gefunden, die dem Brand, der hier gewütet hatte, entgangen waren. Sie hatten notdürftige Lagerstätten daraus gebaut; in den Nächten war es empfindlich kalt, und von einer Heizung war keine Rede mehr. Als Beleuchtungsquellen dienten ihnen einige Kerzen. Und die Nahrungsmittel holten sie sich auf kurzen Streifzügen durch das radioaktiv verseuchte Gelände.

Nur fünf von ihnen waren übriggeblieben. Meist saßen sie regungslos in alte Decken gehüllt und dösten vor sich hin. Nur selten kam es zu einem Gespräch, das meist bald in Streit überging. Sie alle waren verwundet, krank, von Strahlen verseucht – und mit den Nerven am Ende.

Sie hatten ihr Quartier schon mehrmals wechseln müssen. Die Sanierungstrupps nahmen sich Straßenzug um Straßenzug vor, und vor ihnen kam eine Kette von Polizei und Militär. Denn das, was der Katastrophe vorangegangen war, war keineswegs vergessen worden. Das Transistorgerät, mit dem sie den einzigen Sender abhören konnten, in dessen Reichweite sie waren, gab ganze Listen von Namen durch: von Leuten, die gesucht wurden. Auch ihre Namen waren darunter.

»Irgendjemand hat uns verraten«, sagte Hardy. Er warf die Decken ab und lief ruhelos im Raum hin und her. »Anders kann ich es mir nicht erklären. Wieso hätte man sonst unsere Namen?« Er warf einen bösen Blick auf Ben.

»Versuche dich zu beherrschen«, fuhr ihn Jonathan an. »Was hat es für einen Sinn, über die vergangenen Ereignisse nachzugrübeln. Wir sitzen alle zusammen in der Patsche.«

Hardy machte eine abwehrende Geste, als wollte er Jonathans Worte beiseite wischen. Er pflanzte sich vor Ben auf und sagte: »So gib es doch zu: Du hast nicht dicht gehalten! Du hast Barbara gewarnt, und so konnten die Bonzen dem Anschlag entgehen.«

»Das ist doch Unsinn«, wehrte sich Ben. »Dann hätten sie die Zerstörung verhindern können. Haben sie das getan?«

»Vielleicht wollten sie es gar nicht!« sagte Hardy. »Vielleicht kam ihnen das gerade recht!«

Edwige mischte sich ein: »Aber wir haben doch eine neue Regierung!«

Hardy sah aus, als ob er sie schlagen wollte. »Das ist es ja eben«, brüllte er. »Wir hatten uns das so schön ausgedacht: Wir wollten doch die neue Regierung bilden. Wir haben doch sogar schon die Posten vergeben! Und wie ist es gekommen? Wir wissen nicht, wer jetzt an der Spitze sitzt, aber so, wie sich die neue Regierung benimmt, ist sie weitaus schlimmer als die alte.«

»Du brauchst mich nicht so anzubrüllen«, sagte Edwige.

»Streitet euch nicht!« mahnte Jonathan. »Wir machen dadurch nichts besser. Jetzt kommt es vor allem darauf an, unser Leben zu retten. Wer weiß – vielleicht ist unsere Zeit noch nicht vorbei!«

»Du bist ein unverbesserlicher Optimist«, sagte Edwige. »Glaubst du wirklich daran, daß wir einmal aus diesem Schmutz herauskommen? Was können wir schon tun? Es bleibt uns nichts anderes übrig als abzuwarten, bis sie uns endlich doch finden.«

»Ihr habt recht: Offenbar hat sich nichts geändert.« Jonathan stand auf und rieb sich die klammen Hände. »Die Töne, die die neue Regierung anschlägt, unterscheiden sich kaum von jenen, die wir von früher her kennen. Aber vielleicht liegt gerade darin unsere Chance. Wenn hier wirklich ein neuer Staat aufgebaut wird, dann wird man auch das alte Computersystem wieder neu installieren. Und darin sind wir immer noch Fachleute. Und Ben hat immer noch die Papiere – die Zusammenstellung jener Methoden, die dem System gefährlich werden. Ihr könnt sagen, was ihr wollt, aber ich bin sicher: Eines Tages werden wir sie wieder anwenden.« Er hatte sich hoch aufgerichtet und erinnerte Ben an einen Propheten, der durch Räume und Zeiten hindurch in die ferne Zukunft sieht. Aber es gab keinen Propheten, und es gab keine Sicherheit. Alles, was es gab, waren Chancen, und diese waren denkbar gering: Ja, er hatte die Aufzeichnungen noch, sie steckten in seiner Brusttasche – unwillkürlich legte er die Hand darauf und hörte das Rascheln des Papiers. Aber waren sie wirklich noch von Wert?

Sie hörten Schritte die Stiege herunterpoltern – es war François, der Wache gestanden hatte. »Ich glaube, jetzt nehmen sie unseren Straßenzug dran!«

Hardy, der erschöpft an die Wand gelehnt dagestanden war, fuhr herum. Er hatte Fieber – seine Augen schienen zu flackern. »Ich haue ab – hier sitzen wir wie in einer Mausefalle!«

»Bleib hier!« herrschte Jonathan ihn an, aber Hardy lief schon die Stufen hoch ... sie hörten das Geräusch seiner Schritte auf dem mit Mauertrümmern und Ruß bedeckten Pflaster ...

»Wenn wir hier bleiben, sind wir geliefert«, sagte Ben.

»Ich habe es satt, von einem Winkel in den anderen zu flüchten. Ich bin unbeschreiblich müde. Ich kann nicht mehr.« Edwige streckte sich auf ihrem Lager aus und schloß die Augen.

Jonathan streifte sie mit einem verächtlichen Blick. Dann sagte er: »Ihr seid euch im klaren darüber, was es heißt, wenn man uns findet?« Er blickte in die Runde, doch er erhielt keine Antwort. »Es ist nicht ausgeschlossen, daß sie darüber informiert sind, wem sie die Katastrophe zu verdanken haben«, fuhr Jonathan fort. Er drehte sich kurz zu Ben hinüber, der aber ebensowenig reagierte. »Es ist genauso gut möglich, daß wir lediglich wie viele andere auf ihren schwarzen Listen stehen. Freilich – wenn wir ihnen in die Hände fallen, dann bleibt nichts mehr verborgen. Sie haben Methoden, um Leute zum Sprechen zu bringen. Sie brauchen nur einen zu erwischen ...«

Er schob den Ärmel seines Mantels hoch und blickte auf die Uhr. Als er gerade ansetzte, weiterzusprechen, hörten sie eine kurze Garbe aus einer Maschinenpistole. Es war nicht allzu nah, aber auch nicht allzu fern. Sie alle dachten in diesem Moment das gleiche: Hardy.

»Wir müssen hier raus!« flüsterte François.

Betont ruhig setzte sich Jonathan auf einen Sack. »Wir müssen die Nacht abwarten. Dann wollen wir versuchen, uns durchzuschlagen. Aber diesmal sieht es bös aus, denn der Ring um diese Gegend wird immer enger. Es bleibt uns nichts anderes übrig – wir müssen versuchen, durch die Kette zu kommen – hinter die Front.«

François starrte ihn an: »Und du meinst, wir hätten Aussicht ...?«

Jonathan machte eine unbestimmte Handbewegung. »Wir haben kaum eine Chance«, sagte er. »Es ist ein letzter, verzweifelter Versuch – nicht mehr. Und damit keiner einen andern verraten kann, schlage ich eine besondere Maßnahme vor.« Er stand auf, ging in die Ecke des Raums, in der er einige Kleinigkeiten, die ihm geblieben waren, niedergelegt hatte: eine Tasche, ein mit Zeitungspapier umhülltes Paket, eine kurze eiserne Stange, die man im Notfall als Waffe benutzen konnte. Er öffnete den Karton, holte ein längliches Etui und einen Plastikbehälter mit einigen Ampullen heraus. Das Etui enthielt eine Injektionsspritze und einige Nadeln. Eine davon nahm er zwischen die Finger und schraubte sie an. »Das ist ein Stoff, der die Erinnerung löscht«, sagte er. »Die für das Leben nötigen Fähigkeiten bleiben erhalten, dagegen werden wir alles vergessen, was wir in den letzten Monaten und Jahren getan haben – die Ereignisse und die darin verwickelten Personen.«

Er stockte einen Moment lang und lauschte ... sie hörten ein leises Knattern und Prasseln. Die Säuberungskommandos kamen näher.

»Ich glaube, uns bleibt nicht mehr viel Zeit«, stellte Jonathan fest. »Macht eure Arme frei, jeder bekommt seine Dosis, und ich werde nicht sparen – es wird Jahre dauern, bis sich die Erinnerungen wieder einstellen, vielleicht auch Jahrzehnte.«

»Und wie lange ...« fragte François zögernd, »wie lange dauert es, bis das Zeug wirkt?«

»Vielleicht zwei bis drei Stunden«, antwortete Jonathan. »Jetzt beginnt es langsam dunkel zu werden, und wir werden uns trennen. Jeder wird allein versuchen, durch die Reihen zu kommen. Einige wird es erwischen, einige werden den Polizisten in die Hände fallen. Doch wenn die Verhöre beginnen, wird keiner mehr etwas aussagen können.«

Sie schwiegen. Vielleicht schenkten sie Jonathans Worten Glauben, vielleicht waren sie auch einfach zu müde, um etwas einzuwenden. Sie traten vor ihn hin, und er injizierte das Präparat. Auch Edwige blieb nicht verschont – François machte dem apathisch daliegenden Mädchen den Arm frei, und Jonathan kniete neben ihm nieder. Zuletzt gab er sich selbst ein Spritze. Dann stand er auf und sagte leise: »Machts gut!«

Sie sahen sich nicht mehr an. Einer nach dem andern schlich sich die Treppe hinauf und verschwand in der einbrechenden Dämmerung. Nur Edwige bleib teilnahmslos liegen.

Als Ben oben ankam, blieb er einen Moment stehen . . . er hörte gerade noch die verhaltenen Schritte von François, der vor ihm hinausgegangen war. Eigentlich ist es gleichgültig, in welche Richtung ich gehe, sagte er sich. Kurz entschlossen schwang er sich über eine Mauer an der linken Seite, landete auf dem Schutt eines niedergebrochenen Dachs und kletterte über die Trümmer hinweg. Es kam darauf an, einen Platz zu finden, an dem er sich verstecken konnte. Und es mußte ein raffiniertes Versteck sein, sonst würden ihn die Spezialisten mit ihren Infrarotdetektoren finden. Ziellos durchstöberte er einige halbverfallene Räume und Nischen. Einmal versuchte er, durch ein Fenster in einen Souterrainraum zu gelangen, doch da begannen einige Ziegel nachzurutschen, und er kehrte wieder um. Er blieb stehen, lauschte . . . aus der Ferne Geräusche, und da, viel näher, Worte aus einem Lautsprecher: » . . . wir fordern alle auf, sich zu ergeben. Ohne ärztliche Hilfe seid ihr verloren! Verlaßt eure Verstecke, hebt die Hände über den Kopf, tretet langsam heraus . . .«

Ben drehte sich um und lief davon. Immer wieder mußte er über Mauerreste und Balken springen. Er bemühte sich, kein Geräusch zu machen, doch das war unter den gegebenen Umständen schwierig. Immer abenteuerlicher wurde die Gegend. Wie von einem Rasiermesser aufgerissen sahen die Häuser aus, einige

Teile waren völlig unbeschädigt – man konnte in Wohnräume hineinblicken, man sah Möbel und Vorhänge, mitunter auch mumifizierte Menschen; daneben hatte wieder die Zerstörung gewütet und alles zu Staub zermahlen.

Als Ben durch ein Tor in eine enge Schlucht zwischen zwei aufragenden Ruinen kam, trat er auf ein Stück Blech, rutschte aus, und schlug polternd hin. In diesem Moment leuchtete ein Schweinwerfer auf, und noch einer, und noch einer ... Wie ein aufgescheuchtes Tier versuchte er sich in dunklen, schattigen Winkeln zu verkriechen, doch das Licht blendete ihn, und er hatte das Gefühl, wehrlos auf einem Podest zu stehen ...

Dann fand er einen engen Gang, der zwischen einer Hauswand und einem umgestürzten U-Bahn-Wagen geblieben war, und er zwängte sich hindurch.

Von hinten Schritte ... nun waren sie ihm schon ganz nahe auf den Fersen.

Da: Nun auch polternde Schritte von vorn.

Noch einmal versuchte er nach der Seite auszuweichen, fand ein kurzes Stück überdachter Straße, offenbar der Rest eines Bogengangs. Er rannte hinein, doch dann merkte er zu seinem Entsetzen, daß er in eine Sackgasse geraten war: Von hier gab es keinen Ausweg.

»Ergib dich! Komm mit erhobenen Händen heraus!« rief eine Stimme, durch ein Megaphon verstärkt.

Ben lag bewegungslos in einem Winkel. Er keuchte vor Anstrengung, er preßte seine Hand an die schmerzende Brust – und da hörte er ein Rascheln: seine Aufzeichnungen. Es überlief ihn siedend heiß. Daran hatte keiner gedacht – nicht einmal Jonathan. Wenn sie ihn nun festnahmen, dann würde dieses Papier der Beweis für seine Schuld sein. Er sah sich um wie ein wildes Tier, das in eine Falle geraten ist.

Wo konnte er die Papiere verschwinden lassen?

An den Wänden nur Mauerwerk, ein herabgestürzter Fensterrahmen ... Vor ihm ein Hydrant.

Nun hörte er wieder Schritte, die langsam näherkamen.

»Halt, stehenbleiben! Oder ich schieße!« Er brüllte es hinaus,

und er hoffte, dadurch einige Sekunden zu gewinnen.

Mit zitternden Händen schraubte er den Deckel des Hydranten ab. Er holte die Papierblätter aus seiner Brusttasche und faltete sie so klein wie möglich. Er klemmte sie unter das freiliegende Anschlußstück und schraubte den Deckel wieder auf. Dann lief er los, versuchte den Weg zu überqueren, sich an der anderen Seite in den Schatten zu werfen ... ein Schlag auf seine Schulter, der ihn zu Boden warf, dann erst drei kurze knallende Geräusche.

Es wurde dunkel um ihn. Er hörte noch, daß sich Schritte näherten, dann wurde es plötzlich still, und er befand sich in einer Welt ohne Licht, ohne Ton, ohne Boden unter den Füßen. Und dann fiel er, sich ständig beschleunigend, in eine tiefe Leere hinein.

14.

Wieder empfand Ben die Reaktivierung der längst verschütteten Gedächtnisinhalte wie einen wirren Traum. Und doch war es anders. Er merkte, daß er manchmal nahe daran war zu erwachen – vielleicht wirkte das Mittel nicht mehr so stark, vielleicht war er unempfindlicher dagegen geworden. Er warf sich hin und her, fand sekundenlang in die Gegenwart zurück, ohne die Augen zu öffnen – er hatte Angst, dann völlig in die Wirklichkeit zurückzugleiten –, und wußte dann nicht mehr, wo er war ...

Und dann wachte er endgültig auf, ganz plötzlich, durch irgendein erschreckendes Traumerlebnis, an das er sich dann nicht mehr erinnern konnte, aus seinem Schlafzustand gerissen – und er starrte in ein Gesicht, seltsam ausdruckslose Züge, wirres Haar, das an den Schläfen in spröden Büscheln zur Seite stand: Hardy!

Er hatte kaum Zeit zu konstatieren, daß er sich noch immer in seiner Schlafkoje befand, daß Hardy neben seinem Kissen kniete, einen zylindrischen Gegenstand in der Hand. Er hörte, wie Hardy flüsterte: »Wie gut, daß du im Schlaf sprichst! Schlaf weiter!« In seinem Gesicht fühlte er eine kühle, durchdringend riechende Flüssigkeit, den Niederschlag des Aerosols aus dem Spray, und fast augenblicklich fiel er in den Schlaf zurück, oder in die Bewußtlosigkeit ...

Als er erwachte, wußte er nicht, wie weit das Ereignis zurücklag, das ihm sofort klar und ungetrübt vor Augen stand. Und in dem Moment erinnerte er sich auch an ein Ereignis in seinem Traum, auf den sein Ich wie auf ein Signal reagiert hatte .... Das war jener Punkt, von dem aus sich eine Brücke zur Gegenwart spannte – jene Episode, auf die er von Anfang an gewartet hatte. Es war die Erinnerung an die Aufzeichnungen ...

Was hatte Hardy gesagt: Er hätte im Schlaf gesprochen? Da überlief es ihn siedend heiß. Wenn er im Schlaf gesprochen hatte, über die Aufzeichnungen und über das Versteck, das er nun kannte, dann war auch Hardy informiert ...

Jetzt war er völlig wach und konzentriert. Er merkte, daß er noch in den Kleidern steckte und sich nur die Jacke überzuziehen brauchte. Mit dem Kamm fuhr er rasch durch die Haare, dann spähte er aus seiner Koje. Die große Uhr an der Stirnseite zeigte neun Uhr zehn ... offenbar war noch nicht aufgefallen, daß er nicht aufgestanden war; den Blicken von unten blieb er so lange verborgen, wie er flach dahingestreckt lag. Freilich, wenn er nun aufstand, so würde man ihn bemerken, aber das war ihm im Moment gleich. Und vielleicht gab es sogar einen Weg, unerkannt zu bleiben. Mit einem Satz schwang er sich aus der Koje, preßte ein Papiertaschentuch gegen das Gesicht und rannte, so schnell wie er konnte, aus dem Saal. Die Sperre überwand er durch eine Flanke, die ihm auf dem Sportplatz alle Ehre gemacht hätte. Jetzt verschwendete er keinen weiteren Gedanken darauf.

Seine Hoffnung lag darin, daß er durch seine Stellung als Rechercheur in Notfällen ein Single-Schwebecar anfordern konnte. Er lief zum nächsten Videofon, steckte seine Kennkarte ein und gab die Anforderung durch. Zwei Minuten später stand das automatische Fahrzeug neben ihm am Straßenrand. Er sprang hinein, stellte die Adresse ein, und es erhob sich in die Luft – höher als alle anderen Fahrzeuge, höher auch als die Schwebezüge der öffentlichen Bahn. Einen Moment erschrak er, als eine Sirene ertönte, dann aber fiel ihm ein, daß es sein eigenes Gefährt war, das mit Ton- und Lichtsignalen den Weg freimachte.

Hardy hatte gewiß einige Stunden Vorsprung, aber mit den öffentlichen Verkehrsmitteln hatte er einen langen Weg vor sich. Darauf setzte Ben seine Hoffnung.

Als er endlich draußen am Stadtrand angekommen war, dort wo man den letzten Teil der Alten Welt für Besichtigungszwecke erhalten hatte, dirigierte er das Schwebecar zu einem der Aussichtstürme. Von seinem überhöhten Standort hatte er gute Aussicht auf die historischen Anlagen.

Er drückte auf den Knopf, der die Rückkehr des Fahrzeugs in die Remise veranlaßte, sprang heraus und mischte sich unter die Menschenmengen, für die heute Führungen stattfanden. Für alle Betroffenen war es ein Festtag, und das nicht nur, weil sie einmal dem ewigen Trott der Gymnastik, des Unterrichts und des Psychotrainings entgingen, sondern auch, weil sich in das Schaudern immer noch ein Anflug von Vergnügen mischt ... Hier sah man nicht nur die Mauern der untergegangenen Stadt, so wie sie am Ende der letzten Dekade von den Detonationen aufgerissen worden war, man sah auch die Körper der Unglücklichen, die damals umgekommen waren – so lebendig, als wäre es erst gestern geschehen, denn sie waren in Polyesterharz eingegossen worden. Und obwohl viele gräßliche Verwundungen aufwiesen, so war doch auch deutlich zu erkennen, daß diese Menschen bis zu Skeletten abgemagert waren, daß sie bis zur Verzweiflung gehungert hatten, daß sie von Krankheiten aufgezehrt worden waren ... es war die Todesstunde einer Gesellschaft gewesen, die sich nicht mehr am Leben erhalten konnte, die sich in eine Situation hereingewirtschaftet hatte, die zur Vernichtung führte. Für die Angehörigen der Freien Gesellschaft waren diese Dinge unfaßbar, und wenn sie davon in den Unterrichtsstunden hörten, so waren viele darunter, denen es an Phantasie fehlte, so etwas für wahr zu halten. Hier fanden sie die Beweise. Und sie drängten sich auf den Aussichtstürmen, auf den Galerien, in den Gängen, die quer durch das Gelände hindurchführten, nur durch Bleiglaswände von den Ruinen getrennt, vor den Fernrohren, die alle fünf Meter aufgestellt waren, und mit denen man die unzugänglichen Partien vergrößert erfassen konnte ...

Das alles war Ben im Moment gleichgültig. Mit dem Lift fuhr er in das erste Geschoß, in den Vorraum zur Versammlungshalle, in der über Magnetophone und Lautsprecher Erläuterungen gegeben wurden. Dem Lifteingang gegenüber mündete ein Korridor, durch den man unmittelbar in den alten Teil kam. Er wandte sich ohne zu zögern hin, ein Schwarm von Besuchern schnitt ihm den Weg ab, und während er sich hindurchdrängte, war ihm, als höre er ein leises Klirren, das im Stimmengewirr fast unterging. Er beschleunigte seine Schritte, drängte die Leute rücksichtslos beiseite, stellte mit einem Blick fest, daß die

Scheibe eingeschlagen war ... Dort stand der Hydrant, das Oberteil abgeschraubt, am Boden – er war zu spät gekommen, aber Hardy mußte noch in der Nähe sein, und wenn es auch unmöglich schien, so wollte er sich noch nicht geschlagen geben – er mußte Hardy finden. Er folgte dem Gang, der keine Abzweigungen hatte, und lief dann einige Stufen die Treppe hinauf, die zum nächsten Geschoß führte; von dort hatte er einen guten Überblick über die Halle. Und tatsächlich – es erschien ihm fast wie ein Wunder – sah er Hardy in der Menge, die sich an der Tür zur rechten Aussichtsgalerie drängte. Hardy hatte sich selbst verraten: Während sich alle in Ruhe anstellten, hetzte er zwischen den Menschen hindurch, die in der Nähe der Wände nicht so dicht gedrängt standen wie in der Mitte, und so war er von oben gesehen ein rasch dahintreibender Punkt im steten Auf und Ab einer leichten Wellenbewegung.

Ängstlich bemüht, Hardy nicht aus den Augen zu verlieren, lief ihm Ben nach; obwohl er sich Mühe gab, mit den Leuten möglichst nicht zusammenzustoßen, so zog er doch eine Welle von Verwirrung hinter sich her. Erst im letzten Moment wurde Hardy auf ihn aufmerksam und drängte sich nun rücksichtslos in das dichteste Gewühl hinein. Er kam aber immer langsamer voran, und Ben rückte näher. Bald hatte er ihn in Reichweite. Er packte ihn von hinten an einer Falte des Overalls und hielt ihn fest. In dem Gedränge schob er sich dicht an ihn heran, tastete die Taschen des anderen ab, was mühevoll genug war, denn dieser wehrte sich, so gut es in dieser Umgebung ging. Von allen Seiten eingekeilt und nur beschränkt bewegungsfähig, begannen sie einen stummen und hartnäckigen Kampf, bei dem Ben zunächst keinen Erfolg verbuchen konnte. Schließlich fiel ihm aber auf, daß Hardy einen Arm an seine Brust preßte, und da kam ihm die Erleuchtung, daß er die Papiere in den Ausschnitt seiner Jacke gesteckt hatte. Rücksichtslos riß er ihm die Knöpfe auf. Obwohl sich Hardy nun wehrte, als gelte es sein Leben, merkte Ben, daß er der Stärkere war, und mit Triumph hielt er schließlich die Papiere in der Hand, zerknittert, mehrmals eingerissen, aber sonst unbeschädigt. In diesem Moment schob er sich von Hardy fort, und bald waren sie im Gedränge getrennt, wurden durch die Sperre mit dem Zählwerk hindurchgeschoben, immer weiter entfernte sich Hardy von Ben, und schließlich verlor ihn dieser aus den Augen.

Es war ein verzweifelter Kampf gewesen, inmitten von hunderten von Menschen, und doch hatte kaum jemand etwas davon bemerkt.

Noch immer hielt sich Ben inmitten der Menschentrauben, wurde mit den anderen durch Korridore und über Stiegen hinweggeschoben und setzte sich dann, als er rechter Hand eine Treppe bemerkte, rasch und unauffällig ab. Er lief zum nächsten Ausgang, verließ das Gebäude und ging rasch, doch keineswegs mit auffälliger Eile bis zur nächsten Haltestelle der Hängebahn.

Er brauchte sich nicht einmal lange anzustellen – der Luxus einer bequemen Fahrt mit Aussicht auf die Stadt aus der Vogelperspektive kostete viele Punkte. Ben hatte aber keinen Grund mehr, mit seinen Punkten knausrig zu sein, und der ungestörte Aufenthalt in der Einzelkabine war ihm die Sache wert. Kaum war er der Sicht der auf die nächsten Kabinen wartenden Menschen entkommen, zog er die Papiere aus der Tasche, glättete sie und versuchte zu verstehen, worum es sich handelte. Denn das war keineswegs so einfach; meist handelte es sich um Symbole und Daten, und nur wenige handschriftlich hingeworfene Worte deuteten den dahintersteckenden Sinn an. Dann aber, als er ihm gut bekannte Codereihen sah, bereitete ihm die Entschlüsselung keine grundsätzliche Schwierigkeit mehr. Das also war der geheime Schatz der Verschwörergruppe! Auf den ersten Blick war es keine Sache von großem Wert, eher eine Sammlung von Tricks, Taschenspielereien und Anleitungen zur Sachbeschädigung. Und sie alle betrafen das staatliche Computersystem. Es handelte sich um Anweisungen, wie man durch Schaltungstricks Zugriff zu fremden Programmen und blockierten Speicherteilen bekommt, wie man die Zählung und Validierung von Rechenzeit umgeht, wie man abgespeicherte Programme und Routinen kurzschließt, so daß sie der Benützung entzogen sind, wie man Codes zur Sicherung von geheimen Daten bricht, wie man Magnetkarten präpariert, um Sperrgebiete zu betreten, wie man Netzkarten fälscht, wie man Kontrollanlagen überlistet, wie man Apparate oder Apparateteile außer Funktion setzt oder zerstört … das alles erschien ein wenig läppisch, die Mittel, wie sie von aufsässigen Jugendlichen benutzt werden könnten und nicht von ernsthaften Revolutionären. Bei genauer Überlegung sah die Sache allerdings anders aus. Die gesamte Funktion des Staatswesens hing an diesem Computersystem, an den unzähligen Anlagen im Zentrum und an der Peripherie, an den Programmen, den Routinen, den Karteien und Dateien. Das System war mehrfach gesichert und schien gegen Störungen aller Art kaum anfällig zu sein. Aber er selbst hatte im Lauf der Arbeit doch die eine oder die andere Schwäche erkannt; wenn er es beabsichtigt hätte, dann wäre es ihm durchaus einmal möglich gewesen, das System zu mißbrauchen. Er hatte es natürlich nicht getan. Aber in den Händen einer Gruppe von Leuten, die solches Wissen rücksichtslos einsetzen, konnte sich dieses Material in eine gefährliche Waffe verwandeln. Die Zerstörung verschiedener Kontrollfunktionen würde ein unvorstellbares Chaos hervorrufen, und die Lahmlegung von Ausgleichs- und Reparaturprogrammen könnte es verhindern, daß sich der Normalzustand wieder einstellte, bevor die Ursachen gefunden waren. Dieses System, das Menschen und Automaten schicksalhaft miteinander verband, war aber so wesentlich für die Aufrechterhaltung der Ordnung, für die Versorgung, für die Betreuung des Nachrichten-, des Verkehrs- und Transportwesens und für viele andere Bereiche, daß ein Ausfall, der sich nicht rasch wieder beheben ließ, bald zur Gefährdung des Lebens von Millionen geführt hätte. Je länger Ben die Blätter studierte, um so nachdenklicher wurde er. Es ging ihm nicht um einen Privatkrieg gegen den Staat, aber dieses Dokument konnte ihm entscheidend weiterhelfen, seine Probleme zu lösen und sich selbst besser zu schützen.

Über den Einsatz digitaler Rechenanlagen

In Form des Computers steht ein Instrument zur Verfügung, das seiner Organisation gemäß ein Mittel zur Erzeugung von Ordnung und zur Vernichtung von Information ist. Insbesondere sind folgende Maßnahmen mit automatisierbaren und computerisierbaren ordnungserzeugenden Prozessen verbunden:

steuern

planen
programmieren

organisieren
klassifizieren
registrieren
führen
lenken
berechnen
formalisieren
quantifizieren.

Da die Erreichung des höchstmöglichen Ordnungszustands Hauptziel des Staatswesens ist, kommt dem Computer bei dessen Verwirklichung eine bevorzugte Rolle zu.

In archaischen Zeiten wurden die besonderen Möglichkeiten, die der Computer hierzu bietet, weder begriffen noch genutzt. Es gab Einsätze von Rechenmaschinen, die statt zu einer Konsolidierung zu einer Erhöhung der Unsicherheitsfaktoren führten. Dazu gehören insbesondere alle interaktiven Methoden – wobei das menschliche Gehirn mit der Rechnerlogik zusammengeschaltet ist. Da hierbei spontane und intuitive Entscheidungen als steuernde Faktoren auftreten, kam es zu nicht vorhersehbaren Resultaten – das Schulbeispiel für mißbräuchliche Anwendung an sich nützlicher Medien. Beispiele hierfür findet man bevorzugt im Bereich der damals unkontrolliert wuchernden Wissenschaft und Technik sowie im Einsatz des Computers für künstlerische Zwecke (Computergraphik – Computerkunst).

Das Beispiel aus der Geschichte zeigt, daß sich negative Konsequenzen aus dem Gebrauch von Computern stets dann ergeben, wenn er spontanen menschlichen Einflüssen unterworfen ist. Daraus ergibt sich die Notwendigkeit einer progressiven Verselbständigung der informationsverarbeitenden Anlagen. Das Endziel dieser Entwicklung ist ein System, in dem ein Netz von zentralen Großcomputern, Prozeßrechnern und Datenbanken allein nach den legislativen Programmen auf Grund automatisch registrierter Daten arbeitet.

Als Prämisse muß die Regel gelten, daß der Computer stets so einzusetzen ist, daß er dem Menschen auf bestmögliche Weise dienlich ist. Durch seine unfehlbare Präzision ist er das prädestinierte Werkzeug für die Leitung und Lenkung eines Staatswesens. Dadurch werden Willkürmaßnahmen eliminiert, wie sie in archaischen politischen Systemen oft genug vorkamen.

Die übergeordneten Programme, nach denen das Computersystem operiert, enthalten alle Paragraphen des Grundgesetzes samt den Anhängen und Ergänzungen. Um eine hundertprozentige Anpassung an die jeweils gegebene Notwendigkeit zu erreichen, müssen die als periphere Zentren installierten Prozeßrechner genaue Kenntnis über den Sozialzustand haben – insbesondere über die jeweils anfallenden, sozialen, psychologischen und medizinischen Bedürfnisse der Bevölkerung. Dementsprechend wird das Soziosystem im Hinblick auf Überwachung und Kontrolle strukturiert. Medizinische Untersuchungen und psychologische Tests werden ergänzt durch ein eng verteiltes Netz optischer und akustischer Sensoren. Die erste Phase der Auswertung erfolgt in den peripheren Einheiten – die Daten über durchschnittliche Verhaltensakte werden gelöscht, jene über Abweichungen zur zentralen Analyse weitergegeben.

Dadurch fällt dem Computer im Mensch-Technik-System eine tragende Rolle zu: Er übernimmt die Funktion früherer menschlicher Regierungen, wobei er deren Pflichten ideal erfüllt, ohne auch deren Mängel zu übernehmen. Er ist das vollkommene Regierungsinstrument – selbstlos, rastlos, unermüdlich – im Dienste des Menschen.

15.

Ben konnte den Nachmittag kaum erwarten. Er brannte darauf, an seinem Terminal einige der Tricks zu prüfen und zu erproben, die die Arbeit mit dem zentralen Computer betrafen. Inzwischen fuhr er planlos in der Stadt herum, benützte verschiedenste Verkehrsmittel, stieg aus, besuchte ein Automatenrestaurant und eine Spielhalle, ließ sich eine Gesichtsmassage machen und die Hände pflegen ... und auch dabei kam ihm das Wissen zugute, das er den Aufzeichnungen entnommen hatte: Er steckte statt seiner Kennkarte ein Stück Silberpapier in den Schlitz – und dennoch öffnete sich die Sperre, und er bekam seine Bons für die Behandlung durch die Roboter im Frisiersalon; er ringelte einige der Felder in seiner Magnetkarte mit seinem Metallstift ein – und die Sperren öffneten sich, ohne daß das gelbe Licht der Registratur aufleuchtete; und er drückte eine bestimmte Zahlenkombination in die Tastatur eines Schwebecars – und er stellte fest, daß er die Leitlinien des Verkehrsnetzes beliebig verlassen konnte, die Normgeschwindigkeit überschreiten, wahrscheinlich auch gesperrte Areale ansteuern ... er hütete sich vorderhand, alle diese Möglichkeiten zu realisieren, da er keineswegs die Absicht hatte, besonders aufzufallen. Aber schon diese ersten Versuche bewiesen, daß der Inhalt der Aufzeichnungen auch jetzt noch anwendbar war: Jetzt war er der mächtigste Mann im Staat.

Vierzehn Uhr. Kaum wurde der Eingang in das Kontrollzentrum freigegeben, lief Ben zum Aufzug, ließ sich in die Etage seines neuen Arbeitsraums bringen ... zwei Minuten später hatte er die Datensichtstation eingeschaltet. Ordnungsgemäß tippte er seine Kennziffer ein.

Er überlegte kurz, wo er die Papiere unterbringen könnte. Er mußte vermeiden, daß sie andere sahen. Schließlich zog er ein Schiebefach unter der Platte seines Pults hervor und befestigte die Blätter, eins neben dem andern, mit Klebefolie darauf. Wenn jemand hereinkam, so brauchte er das Fach nur hineinzuschieben.

Systematisch nahm er sich ein Problem nach dem anderen vor: die Umgehung der Zeitkontrolle, den Zugang zu Sperrmaterial, die Blockierung bestimmter Aufrufe, Programme, Anwendungen ... Nicht alles klappte so wie erwartet; offenbar war das System weiterentwickelt worden. Aber es fiel ihm meist nicht schwer, die Anpassung an die neue Situation zu finden. Wenn auch einige Codeziffern oder Symbole nicht mehr stimmten, so wußte er doch, was an ihre Stelle getreten war – die Grundprinzipien der empfohlenen Methoden hatten ihre Gültigkeit behalten.

Natürlich: Es drängte ihn, von diesen Möglichkeiten auch Gebrauch zu machen, sich über Dinge zu informieren, die für ihn bisher verschlossen waren, sich die Akten von Kollegen und Vorgesetzten vorzunehmen, von Oswaldo und von Gunda, und nach weiteren Daten über sich selbst zu suchen ... Aber zunächst ging es vor allem darum, das Instrument, das ihm so unerwartet zuteil geworden war, beherrschen zu lernen ...

Es war etwa eine Stunde später, als er draußen Schritte hörte, – und unverzüglich ließ er die Aufzeichnungen verschwinden, löschte den Bildschirm und tippte einige unverfängliche Befehle in den Fernschreiber ein.

»Wie immer: der vorbildliche Rechercheur!« Gunda setzte sich in ihrer schon gewohnten Haltung auf die Schreibplatte, genau über das Schiebefach mit den geheimen Papieren – ein wenig provozierend, wie es Ben schien. Er fragte sich, ob sie sich auch bei den anderen Kollegen so in Szene zu setzen pflegte. Aber vielleicht bemerkten es diese nicht, oder es erschien ihnen nur unangenehm – wie früher auch ihm. Doch nun hatte er gelernt, Mädchen und Frauen unter einem ganz anderen Aspekt zu betrachten. Er sah sie aufmerksam an, und er wich ihrem Blick nicht mehr aus. Sie sah gut aus, und wie schon so oft erinnerte sie ihn an die Puppe Blacky. Aber auch ihre Figur übertraf die Proportionen der Puppe bei weitem, und plötzlich fühlte Ben wieder das Gefühl der Spannung, das er schon von früheren Begegnungen mit Gunda kannte, doch diesmal mischte sich keine Abscheu hinein – im Gegenteil: Es war – und er gestand es sich vorbehaltlos ein – unleugbar jenes körperliche Verlangen.

Vielleicht hatte sein Gesichtsausdruck zu viel verraten, denn Gunda stand plötzlich auf und trat so nahe an ihn, daß sie ihn berührte.

Ben legte seine Hand auf ihre Hüfte und zog sie noch näher heran.

»Ich versuche, mich mit der neuen Anlage vertraut zu machen«, sagte er.

»Lassen wir das Versteckspiel!« sagte Gunda unvermittelt – mit einem neuen Ton in der Stimme. Sie zog einen zweiten Hocker heran und setzte sich dicht neben Ben. Sie blickte sich um und sagte dann flüsternd: »Du bist in Gefahr. Du müßtest es doch selbst längst bemerkt haben. Aber vielleicht ist dir nicht klar ... ich will dir helfen!«

»Was meinst du damit?« Ben hatte nicht die Absicht, Gunda seine Geheimnisse zu verraten. Plötzlich war er wieder vorsichtig. »Was meinst du damit: Wie willst du mir helfen?«

»Was für eine Frage! Doch du brauchst keine Angst vor mir zu haben – ich bin auf deiner Seite. Und ich kann es dir beweisen. Ich werde dir etwas sagen, was nur ganz wenige wissen. Hast du eigentlich schon einmal darüber nachgedacht, ob es nicht auch in unserem Staat Menschen gibt, die mit dem System nicht zufrieden sind? Illegale Gruppen, Untergrundorganisationen? Kurz und gut: Ich gehöre einer solchen Organisation an.«

»Und warum sagst du mir das?«

»Das ist doch klar: Weil du zu uns gehörst.«

»Das ist doch Unsinn! Ich weiß nichts von einer Untergrundorganisation.«

»Du weißt nichts, weil du unter einem Psychoblock gestanden hast. Aber in den letzten Tagen mußt du doch gemerkt haben, daß du nicht das harmlose, minderbemittelte, durchschnittliche Mitglied der Freien Gesellschaft bist! Glaubst du, es ist mir verborgen geblieben, daß du mit Hardy, mit Jonathan und Barbara zusammengekommen bist? Nun – auch sie gehören meiner Gruppe an.«

»Ich habe mit keinem von ihnen ein Wort über eine geheime Organisation oder etwas ähnliches gewechselt.«

»Natürlich nicht! Sie alle hatten genaue Verhaltensregeln für den Fall, daß sich ein Rechercheur bei ihnen meldete. Und du bist als ein Rechercheur gekommen. Du bist ihnen nicht als Mitglied bekannt, du hast dich ja in den letzten Jahren nicht mehr beteiligt – in den Jahren, seit ich dazugestoßen bin. Aber früher warst du dabei, und du hast eine hervorragende Rolle gespielt. Viele kennen deinen Namen und haben von dem gehört, was du getan hast. Seit Jahren hoffen sie darauf, daß du eines Tages wieder auftauchst – daß sich deine Erinnerungen wieder melden. Und ich war es, die dich beobachtet hat und die dir geholfen hat, zu dir selbst zu finden.«

Ben versuchte das, was ihm Gunda sagte, mit seinem lückenhaften Wissen in Einklang zu bringen. Einiges klang plausibel. Noch war er von Mißtrauen erfüllt, aber andererseits regte sich in ihm die Hoffnung, nun doch auch die Lösung des Rätsels zu erfahren, das ihn bewegte.

»Vielleicht sollte ich dir erklären, was in den letzten Tagen geschehen ist und was dahinter steckt.« Gunda zog ihr Pillenschächtelchen hervor, bot Ben ein Fitnessdrops an und nahm selbst eins. Ihr Flüstern wurde eher noch leiser: »Vor einigen Jahren hat dich ein Mitglied unserer Gruppe entdeckt. Es erschien uns fast lächerlich: gerade als Rechercheur, als der brave Diener seines Herrn Benedikt Erman. Aber das bedeutete natürlich auch, daß ihnen bei dir die ›Umkehrung‹ perfekt gelungen war. Das war bei einigen anderen, die sie so wie dich erwischt hatten, durchaus nicht der Fall. Ich wurde zu deiner Beobachtung eingesetzt. Ja, du wirst es nicht glauben, aber wir haben auch Mitglieder unter den Angehörigen höherer Kategorien. Auf diese Weise wird manches möglich, das Leuten deiner Stellung wie ein Wunder erscheint. Kurz und gut – an einigen Anzeichen habe ich bemerkt, daß sich die psychischen Sperren bei dir zu lösen begannen.«

»Und warum hast du mir nicht einfach die Wahrheit gesagt?«

»Du hättest mir glauben können oder auch nicht. Nein, die

Initiative mußte von dir kommen – aus eigenem Antrieb. Aber wir konnten einen Anstoß dazu geben, und das haben wir gemacht. Ja, ich glaube, jetzt kommst auch du darauf ...« Sie hatte bemerkt, wie Ben nachdenklich die Augenlider zusammengekniffen hatte. »Wir haben dich mit dir selbst konfrontiert. Du wirst doch nicht gedacht haben, daß dem System ein solcher Fehler unterläuft. Nein, dazu bedurfte es einiger Eingriffe. Aber das Wichtigste war: Es hat gewirkt! Du kannst dir denken, daß wir dich nun nicht mehr aus den Augen gelassen haben; immer war einer von uns hinter dir her. Wir haben es auch ermöglicht, daß du eine Reaktivierung vornehmen konntest. Auch das hätte dir zu denken geben müssen: Du kannst doch nicht im Ernst erwarten, daß ein illegaler Biochemiker, der im Hinterraum einer Herrentoilette arbeitet, über die Mittel für eine Reaktivierung verfügt.«

»Aber diese Reaktivierung ist nicht hundertprozentig gelungen«, wandte Ben ein. »Gewiß – es ist mir eine ganze Menge von Dingen bewußt geworden, aber vieles davon war widersprüchlich, unklar, unwahrscheinlich ...«

»Das konnte auch gar nicht anders sein«, antwortete Gunda. »Zu einer richtigen Reaktivierung gehören ganz andere Dinge als ein paar Chemikalien. Warst du schon bei einer dabei? Mit der Neuronensonde wird eine Ebene nach der anderen angepeilt. Jede wird selektiv stimuliert, mit genau dosierten elektrischen Stromstößen. Die pharmazeutischen Präparate dienen nur zur Unterstützung. Das alles war bei dir nicht möglich. Wir haben dir das beste Mittel untergeschoben, das uns zugänglich war, aber es kann natürlich nur integral wirken. Das heißt, es beeinflußt nicht nur die blockierten Gehirnteile, die verschüttete Information, sondern es wirkt auf den gesamten Assoziationsspeicher, und somit werden dir neben dem relevanten Gedächtnisstoff auch alle möglichen anderen Bilder bewußt, die eigentlich nichts mit der Sache zu tun haben. Es sind also gewissermaßen Träume, die die eigentliche Reaktivierung begleiten.«

»Und was davon ist wahr?«

»Ich weiß nicht, wie das Mittel gewirkt hat und was du für Traumerlebnisse gehabt hast. Aber ich will dir gern sagen, was wahr ist: Es ist ja fast selbstverständlich, daß sich in einem System wie diesem immer wieder Menschen zusammenfinden, die sich mit der Diktatur der Computer nicht abfinden. Du hast einer solchen Gruppe angehört – ebenso wie Hardy, Jonathan und Barbara ...«

»Ich hab es im Traum erlebt ...«, flüsterte Ben.

»Was meinst du?« Gunda stoppte einen Moment. »Erinnerst du dich jetzt? War es das, was du in deinen Träumen erlebt hast?«

»Ja, es kann sein.« Ben strich sich mit der Hand über die Stirn, als wollte er beunruhigende Gedanken beiseiteschieben. »Nun gut. Vielleicht ist es so, wie du es sagst. Vielleicht sind alle diese Dinge irgendwo in mir noch lebendig ... einiges davon habe ich gesehen, erlebt. In Ordnung; wenn es so ist, ist nichts daran zu ändern. Aber was soll nun geschehen?«

»Ja, kannst du denn auch nur einen Augenblick daran zweifeln? Du schließt dich uns wieder an! Du kannst eine führende Position einnehmen. Wir werden zusammenarbeiten – würde dich das nicht reizen?« Gunda rückte wieder näher an Ben heran. Doch ihn bewegten jetzt ganz andere Gedanken.

»Das klingt alles sehr logisch. Aber siehst du es nicht nur aus deiner Sicht? Für mich liegen diese Dinge weit zurück. Und selbst wenn sie wahr sind – was bedeuten sie mir schon? Warum sollte ich mich euch anschließen? Wie kommst du überhaupt dazu, mir das alles zu offenbaren?«

»Aber Ben!« sie packte ihn am Arm. »Du kannst jetzt gar nicht anders, als mit uns zu arbeiten. Du weißt doch, daß die Menschen in diesem Staat nicht nur unter körperlichen, sondern auch unter geistigen Beschränkungen leben. Man hat ihnen ihr Gesichtsfeld eingeschränkt. Man hat eine ganze Skala von natürlichen Antrieben unterdrückt, einige völlig gelöscht. Glaubst du, es kommt von selbst, daß sich diese Menschen widerspruchslos allen Befehlen unterwerfen? Willst du es hinnehmen, daß man Männer und Frauen trennt, nur weil man ir-

132

gendwelche abstrakten genetischen Daten unter Kontrolle halten will? Man verurteilt die natürlichsten Dinge der Welt als Perversionen! Ist es nicht gerade umgekehrt: Die Gesellschaft, in der wir leben, ist pervertiert!« Gunda hatte sich in einen offenen Haß hineingeredet. Sie war etwas lauter geworden, doch nun suchte sie sich wieder zu beherrschen. »Man sagt uns, daß wir alle die gleichen Rechte haben, daß die Unterschiede zwischen arm und reich verwischt sind. Inzwischen hast du doch selbst erfahren, daß das nicht stimmt. Du hast die Wohnräume gesehen, in denen die Angehörigen der höchsten Kategorien leben. Alles, was man uns sagt, ist Lüge. Letztlich geht es nur um eins: daß einige ganz wenige auf Kosten der anderen ein Leben in Luxus und Überfluß führen. Und da fragst du mich, warum du dich uns anschließen sollst? Es gibt einige wenige Menschen, bei denen die psychologische Einengung des Horizonts nichts nützt. Du und ich – wir gehören dazu. Und wer einmal mit offenen Augen um sich sieht, der kann unmöglich so leben wie alle anderen. Wer auch nur den geringsten Funken von eigener Initiative bewahrt hat, ist bereit, alles gegen dieses System zu tun, was in seiner Macht steht.«

Ben überlegte kurz. Dann sagte er: »Nun gut. Nehmen wir an, ich arbeite in deiner Gruppe mit. Was hätte ich zu tun? Auf welche Weise wollt ihr etwas gegen diesen Staat unternehmen? Du weißt so gut wie ich, daß alles perfekt organisiert, gelenkt und kontrolliert ist. Was können einige wenige Leute, wenn sie noch so intelligent und aktiv sind, dagegen tun? Was kann ich dagegen tun?«

Gunda sah ihn nun mit einem Ausdruck an, den er sich nicht recht erklären konnte. Gewiß – sie war erregt, es mußte ein wichtiger Augenblick in ihrem Leben sein, aber jetzt war noch etwas hinzugekommen, ein Ausdruck von Hunger, von Gier, und Ben wartete mit Spannung auf die Antwort – vielleicht erfuhr er mehr, als Gunda verraten wollte.

»Ganz einfach, Ben. Es gibt ein Mittel. Und du wirst uns helfen, es zu benützen. Weißt du, was ich meine? Es sind die Papiere, die Aufzeichnungen ... ja, wir haben gewußt, daß es nur einen gibt, der das Versteck kennt, und das bist du. Daher bist du so wichtig für uns. Gib mir die Papiere, du mußt sie mir jetzt geben, und alles geht gut.«

»Und was ist das Ziel? Wozu wollt ihr diese Methoden einsetzen?«

Gunda schüttelte den Kopf, als wäre sie über soviel Unverstand entsetzt. »Ist das nicht klar? Wir stören dieses System, wir vernichten es. Wir verursachen ein Chaos, und du weißt, daß wir nun dazu imstande sind. Wo hast du die Papiere?«

»Ich habe dich nicht nach den Maßnahmen gefragt; ich kenne mich gut genug mit dem zentralen Steuer- und Kontrollsystem aus, um zu wissen, was man tun kann, um bestimmte Effekte hervorzurufen. Ich habe dich nach dem Ziel gefragt. Was wollen wir damit verändern? Habt ihr überhaupt ein Ziel?«

Gunda war verblüfft. »Selbstverständlich: die Zerstörung dieses Systems! Wir werden selbst die Führung übernehmen. Wir werden den Menschen die Freiheit geben. Mensch, Ben, stell dir vor, wie sich diese Welt für uns verändern wird! Wir selbst werden es sein, die in den Hochhäusern wohnen – ganz oben, über der Stadt, hoch über allen anderen! Wir könnten zusammen sein, Ben – wir beide! –, uns irgendeine von diesen üppig ausgestatteten Etagen aussuchen, ein unbeschwertes Leben führen . . . Was meinst du dazu? Wäre das nicht wunderbar?«

Es wäre wunderbar! Ben stellte sich vor, wie man sich fühlen würde, wenn man genügend Wohnraum hätte, wenn man in einer guten Luft leben würde, mit genügend Nahrungsmitteln und einem Überfluß an sauberem Wasser. Er stellte sich ein Leben vor, in dem es keine festgefügte Tageseinteilung gab, kein Anstellen vor der Essenausgabe, keine Uniformen, keine Tagesnachrichten und Erläuterungen der politischen Programme. Keine Gymnastik, kein Psychotraining, kein Unterricht in vergleichender Geschichte. Keine Büros, keine Kontrollen, keine Beschränkungen . . .

Er hätte keine Phantasie haben dürfen, um von den Bildern, die Gunda da gemalt hatte, nicht beeindruckt zu sein. Und Gunda selbst: Er kannte sie kaum, aber war das nötig? Er hatte immer nur mit seiner Puppe geschlafen, und er hatte nur einmal ein richtiges Mädchen gehabt: Barbara. War es nicht völlig gleich, mit wem er zusammenleben würde? Und Gunda sah nicht nur gut aus, sondern sie schien auch intelligent zu sein – ganz anders als die Menschen, mit denen er es sonst zu tun gehabt hatte. Vielleicht war das alles doch nicht nur Illusion. Ein unbeschwertes Dasein, eine freie Existenz, ein Leben wie in einem permanenten Urlaub, viel schöner noch als in den Feriendörfern ...

Aber da war noch etwas. Wenn er auch noch längst nicht zu seiner Vergangenheit zurückgefunden hatte, obwohl er sich noch unklar darüber war, was nun eigentlich Wahrheit war und was Traum, so war doch eines in ihm wieder lebendig geworden, etwas, was er noch nie in Worte gefaßt hatte, was auch nicht so leicht auszudrücken und zu beschreiben war wie eine angenehmere Umgebung, was aber doch weitaus wesentlicher und wirklicher war: Es war das Ziel, dem er sich verschrieben hatte. Er wußte es wieder, und er wünschte sich wieder, es zu erreichen. Und mit diesem Ziel ließ sich all das, mit dem Gunda zu locken versucht hatte, nicht vereinbaren.

Er richtete sich starr auf, wobei Gundas Hand von seinem Arm glitt. »Nein«, sagte er. »Ich habe es mir überlegt: Ich mache nicht mit bei euch. Das ist mein letztes Wort.«

Gunda stand auf wie unter einem Peitschenschlag. In ihrem Gesicht malte sich grenzenloses Erstaunen. »Wie? Du willst nicht mitmachen? Hast du Angst, bist du zu faul oder zu dumm? Gut, laß es sein! Laß die anderen die Dreckarbeit machen – für alle, und auch für dich. Aber gib uns die Aufzeichnungen! Gib sie her! Wo hast du sie? ...«

Sie klammerte sich an Ben, wandte sich dann zu seinen Notizen, wühlte darin, lief zur Schranktür, riß sie auf ... Sie schien einem hysterischen Anfall nahe zu sein. Ben trat rasch zu ihr hin, hielt ihre Arme fest, so daß sie sich nicht von der Stelle bewegen konnte. »Du bist verrückt! Sei still. Die anderen werden aufmerksam! So beherrsche dich doch!« Er wartete, bis sich ihr verkrampfter Zustand plötzlich löste. Dann sagte er: »Ich glaube, wir haben uns nichts mehr zu sagen. Geh hinaus!« Willenlos ließe sie sich von ihm bis zum Eingang seines Arbeitsraumes schieben. Dort blieb er zurück, und sie ging weiter, mit steifen Schritten, wie eine Marionette.

Ben brauchte einige Zeit, um das zu verdauen, was er eben gehört hatte. Er war sich keineswegs sicher, ob alles stimmte, was Gunda gesagt hatte, aber einiges sprach dafür, einiges stimmte mit seinen Erinnerungen überein. Vor allem aber wußte er jetzt, daß auch andere den Wert des Dokuments erkannt hatten und daß sie es um jeden Preis in ihre Hände bekommen wollten. Er überlegte kurz, dann ließ er sich durch einen Zufallsgenerator eine neue Codezahl geben, sicherte sie durch einen Trick, den er erst vor einer Stunde gelernt hatte, und reservierte sich damit einen Speicherabschnitt, an den niemand mehr herankonnte, es sei denn, unter Zerstörung der Daten. Hier speicherte er alle Hinweise und Zahlen ein, die die Aufzeichnungen enthielten. Er überzeugte sich noch einmal, daß sie sich unter der Codezahl, die er auswendig gelernt hatte, aufrufen ließen . . . Dann löste er die Blätter von der Platte, auf die er sie geklebt hatte, und verbrannte sie.

Konzept über die Anwendung der Datenverarbeitung im sozialen Feld

Entscheidende Voraussetzung für die Anwendung der automatischen Datenverarbeitung in der Soziologie ist ein ausgewogenes Verhältnis zwischen der Verbesserung der sozialen Versorgung durch umfassendere Informationsverarbeitung einerseits und dem Schutz der in der Kommunikation zwischen Sozialtrainer und Bürger wechselnden Information.

Der Computer soll ausschließlich Hilfsmittel des Sozio- und Psychotrainers sein – unter der Zielvorstellung der bestmöglichen Erfüllung des Dienstes am Patienten und an der Gemeinschaft bei der Strukturierung psychologischer und sozialer Verhaltensweisen.

Endziel der Entwicklung muß eine totale Informationserfassung und -verarbeitung sein; dazu muß der Bürger im Rahmen seiner täglichen Verrichtungen auch seiner Auskunftspflicht genügen; weitere Mittel der Datenerfassung sind Prüfungen und Tests, von denen einige deklariert, andere (um die Unbefangenheit zu erhalten) maskiert eingesetzt werden. Das psychologische Datenmaterial zusammen mit den laufenden Ergebnissen der medizinischen Untersuchung ergibt ein umfassendes Persönlichkeitsbild. Entsprechend dem Prinzip von der Identität von Staat und Bürger gibt es den Behörden der Datenerfassung gegenüber keine Privatsphäre und kein Geheimnisrecht. Den informationspositivistischen Grundsätzen gemäß ist die Persönlichkeit nichts anderes als die Summe aller erfaßbaren Individualdaten. Der Anspruch auf Sorge und Schutz für den Bürger ist nur bei völliger Transparenz der Persönlichkeitsstruktur gewährleistet. Die Offenbarungspflicht ist somit als integraler Bestandteil in den § 1 des Grundgesetzes einbezogen.

16.

Den Rest seiner Arbeitszeit verwendete Ben, um einige Änderungen in seiner eigenen, elektronisch abgespeicherten Akte vorzunehmen. Insbesondere griff er in die letzten Registrierungen ein, und er löschte alles, was Verdacht erregen könnte. Er sah mit Verblüffung, welch fundiertes Sachwissen in den Methoden steckte, die er durch die Aufzeichnungen kennengelernt hatte. Es mußte das Wissen von Fachleuten sein. Und sie mußten gehörige Zeit und Mühe aufgewendet haben, um alle diese Schwächen des Systems aufzuspüren und sich nutzbar zu machen. Und er erkannte auch, daß gerade in der Ausschließlichkeit, mit der sich der Staat auf die Datenverarbeitung stützte, eine große Schwäche lag. Denn mit dem Eingriff in die Daten wurde auch ein Stück Wirklichkeit gelöscht. Es war möglich, die Vergangenheit nachträglich zu ändern – man brauchte nur den Inhalt einiger Speicheradressen zu löschen und andere Daten einzuspielen ... und dann wurde er sich plötzlich klar, daß dieses Prinzip noch in einem viel weiteren Sinn angewandt werden konnte: Zusammen mit den modernen psychologischen Methoden konnte man selbst die Lebenswege der Menschen nachträglich ändern, reparieren, verbessern ...

Jetzt war er sich klar darüber, daß er die Waffe, die ihm in die Hand geraten war, anwenden würde. Ja, es war eine Waffe, es war ganz deutlich, daß man mit diesem know how weitaus mehr erreichen konnte, als mit Sprengstoff oder Thermit, daß Information ein weitaus wirksameres Mittel ist, um die Welt zu verändern, als Werkzeuge oder Waffen ...

Natürlich mußte er sich in einigen Punkten Gewißheit verschaffen. Wie weit hatte ihn Gunda richtig informiert, in welchen Punkten hatte sie ihn getäuscht?

Nun hatte er Zugang zu unzähligen Daten, die ihm bisher verschlossen gewesen waren, und es lag nahe, sie alle zu sichten, auf Hinweise zu durchleuchten ... Aber konnte er dadurch Gewißheit erlangen? Konnten diese Daten nicht längst von anderen manipuliert worden sein – verfälscht in einem Sinn, der allen möglichen divergierenden Absichten entsprechen mochte?

Die beste Methode, um die Wahrheit zu ergründen, war es immer noch, sich persönlich zu überzeugen ...

Nach Abschluß der Dienstzeit machte er sich auf den Weg zu Barbara. Sie war die einzige, von der er sich Auskunft erhoffen durfte. Er fuhr bis zum Eingang ihres Wohnblocks und ließ sie von dort aus rufen.

Schon eine Minute später war sie da. »Ben, ich hatte so gehofft, daß wir uns wiedersehen! Doch ich habe mich nicht getraut ...«

Ben legte ihr den Arm um die Schulter und ließ es dann wieder, weil er die Blicke der Passanten fürchtete. »Komm«, forderte er sie auf.

»Die Wohnung oben im Hochhaus ist heute besetzt«, sagte Barbara. »Ich wollte warten, bis eine andere frei ist ... Ich hätte mich gemeldet ... im Moment weiß ich nicht, wohin wir gehen sollen.«

»Hör zu, Barbara, ich möchte mit dir sprechen. Du mußt mir einige Fragen beantworten. Willst du das tun?«

»Ja, gern«, antwortete Barbara, während sie überlegte. »Ich wüßte schon ein Versteck, einige Freundinnen haben es gelegentlich benutzt. Es ist nicht so luxuriös wie die Wohnung – wird es dich nicht stören?«

»Das ist mir gleichgültig«, sagte Ben. »Paß auf, Barbara, ich will nur etwas über diese Untergrundorganisation wissen.«

»Welche Untergrundorganisation? Komm – wir müssen dort hinüber gehen. Es ist nicht weit. Es ist ein Depot für Arbeitskleidung. Eine Warmluftheizung führt hindurch – dort ist es nicht so kalt.«

»Es ist wichtig, Barbara: Du mußt mir alles sagen, was du weißt. Was hast du mit dieser Untergrundorganisation zu tun?«

»Ich weiß nicht, was du meinst. Ich habe nie etwas von einer Untergrundorganisation gehört. Laß doch diese dummen Fragen, komm!«

Ben blieb stehen, und als sie weitergehen und ihn mit sich ziehen wollte, hielt er sie auf. »Barbara«, sagte er mit beschwörender Stimme, »Bitte, sag mir die Wahrheit. Ich habe es heute erfahren – das von dir und von Jonathan und von Hardy. Du kannst ruhig zu mir sprechen. Ich gehöre jetzt zu euch. Laß dich nicht so bitten!«

Jetzt veränderte sich Barbaras Gesichtsausdruck, ihre Züge wurden hart. »Du mußt verrückt sein, Ben! Du sprichst von einer Geheimorganisation. Laß mich doch mit solchen Albernheiten zufrieden! Oder bist du da irgendwo dabei? Du – damit möchte ich nichts zu tun haben.« Sie stemmte sich ein wenig gegen ihn, und er rückte von ihr ab. »Ist das alles, was du mir zu sagen hast?«

»Ja!«

Ben drehte sich um und ließ das Mädchen stehen.

Er benützte die Untergrundbahn, um in seinen Wohnblock zu gelangen. Er achtete darauf, nicht allein in einem Wagen zu bleiben, denn sein Erlebnis von gestern war ihm noch deutlich genug in Erinnerung. Dafür hatte Gunda keine Erklärung gegeben, und selbst wenn sie das getan hätte, dann hätte es ebenso wenig Wert gehabt wie das, was er heute nachmittag von ihr erfahren hatte. Er glaubte, daß Barbara die Wahrheit gesagt hatte. Es war nicht denkbar, daß sie sich so gut verstellen konnte. Und es hätte auch keinen Sinn für sie gehabt, sich zu verstellen. Unter diesen Umständen hätte sie anders reagieren müssen . . . Nun gut – vielleicht fand er es noch heraus, vielleicht auch nicht. Aber eigentlich war das jetzt zweitrangig. Immer stärker wurde in ihm der Wille, das zu tun, was er sich vorgenommen hatte.

Als er den Schlafsaal betrat, bemerkte er eine Menschenansammlung, und dann sah er, daß sie sich vor seiner Koje konzentrierte. Er ahnte einen Zusammenhang mit den Ereignissen, in die er verwickelt war, und versuchte sich in der Menge zu verbergen. Allmählich rückte er näher und erkannte, daß man seine Koje ausgeräumt hatte. Nicht nur die Decke, das Kissen, das Laken und die Matratze lagen am Boden, man hatte auch den Schrank herausgerissen, Blondy lag am Boden, die Hülle aufgeschnitten – Schaumkugelflocken quollen heraus –, auch die Matratze war zerfetzt, sogar seinen Rundfunkempfänger hatte man zerschlagen. Er dachte keine Sekunde darüber nach, welche Absicht dahintersteckte, drehte sich um und ging hinüber zum Lift.

Sobald eine Kabine hielt und sich die Tür öffnete, trat er ein, obwohl sie schon stark besetzt war, und drängte sich zwischen die anderen Männer.

»Ist er das?«

Aus dem Hintergrund antwortete eine weibliche Stimme: »Ja.« Er wandte sich nach rechts und erkannte Gunda, die sich hinter einer Atemmaske versteckte.

Plötzlich fühlte er sich festgehalten, Finger glitten in seine Taschen, der Overall wurde ihm aufgerissen, das Innenfutter abgetastet. »Nichts zu finden!«

»Weiter – er muß sie bei sich haben!«

Nun rissen sie ihm die Kleider regelrecht vom Leib, zogen ihm die Schuhe aus, musterten jeden Quadratzentimeter. Er stand nackt zwischen ihnen, noch immer von kräftigen Händen gehalten.

»Nichts!« sagte ein Mann und drehte sich zu Gunda um.

Ihr Gesicht war wutentbrannt. »Sag, wo du sie versteckt hast! Los, sag es!«

Ben schwieg.

»Sollen wir ihn bearbeiten?« Einer faßte ihn an der Kehle und bog ihm den Kopf hoch.

Gunda zögerte einen Moment, dann sagte sie: »Laßt ihn! Wir haben keine Zeit.«

Wie an der Anzeigelampe zu ersehen war, waren sie im Kellergeschoß angelangt. Als sich die Tür geöffnet hatte, erhielt Ben einen Tritt, seine Sachen wurden ihm nachgeworfen. Die Tür klappte zu, und die Kabine entzog sich seinen Blicken.

Rasch zog sich Ben wieder an. An einigen Stellen seiner Kleider waren Risse entstanden, und er mußte sich bemühen, die Löcher zu verdecken. Er hatte das Gefühl, daß ihm nicht mehr viel Zeit blieb, und lief rasch die Treppen hinauf.

Geheimdokument – unter Verschluß zu halten!

Zufallszahlentabelle

72137	73850	32733	35321	80647	39713	61060	57865	88049	20557	43375	50914	83628	73935	72502	48174	62551	96122	22375	96488
04254	60099	50584	10961	57642	19101	30613	01549	96531	83936	45842	78222	88481	44933	12839	20750	74116	58973	99018	22769
48083	50731	81250	57995	41467	29834	08059	22945	72193	36077	82577	16210	76092	87730	90049	02115	37096	20505	91937	69776
16602	26772	89693	92558	38394	84119	68486	17622	30953	78267	31568	58297	88922	50436	86135	42726	54307	29170	13045	65527
29910	55480	47184	79775	09779	08718	45822	17643	63252	00232	98059	07255	90786	95246	15280	61692	45137	17539	31799	64780
77708	83761	89238	86521	82711	79266	47763	26173	36183	65869	64355	91271	49295	98354	28005	69792	01480	51557	70726	35862
90715	65115	12870	89922	24926	44062	94896	97561	96490	35454	51623	98381	11055	32951	28363	16451	67912	66404	76254	75495
79666	48119	38525	82189	34921	49838	47558	92343	47408	99542	44247	12762	54488	74321	36224	95619	16238	25374	13653	25345
53294	49761	76235	55814	29900	03796	73326	94291	10739	36087	32326	52225	72447	77804	57045	27552	72387	34001	83792	66764
44422	78305	76369	20601	39701	80769	17322	78280	42376	64899	62390	68375	42921	28545	33167	85710	11035	40171	04810	69848
12601	54432	65017	91131	50515	97477	80691	31834	32401	11994	97820	06653	27477	61364	22681	02280	53815	47479	44017	37563
65664	73669	24910	25488	23699	86413	19985	49355	24358	02915	81553	92012	50435	73814	96290	86827	81430	45597	82296	28947
18363	66515	23098	22384	87756	66396	63646	50963	99099	67895	09202	48494	95974	33534	94657	71126	71770	16092	03942	90111
00491	53688	72033	68063	86104	90576	04119	65531	30304	39202	82110	82254	03669	03281	11613	36336	98297	48100	71594	52667
02878	83197	94318	47901	85252	91224	32939	75043	40325	53252	18175	09457	83810	46392	02705	85591	33192	65127	80852	42030
79920	22780	43100	83886	26378	66010	00020	80666	66861	17820	50756	80608	35695	72641	26306	76298	32532	22644	96853	18610
97556	54260	42361	12741	56996	48177	85725	36668	45531	85245	12710	60264	74650	92126	08152	32147	17457	56298	48964	64733
79435	52143	12322	12554	04314	98550	58315	78036	24355	85822	44424	88508	66190	74060	93206	92840	44833	81146	64060	62975
93903	78220	09178	33676	58996	78675	11648	96220	54127	24804	24729	66501	74157	42246	41688	72835	87258	89384	11251	34329
04758	50961	90230	72006	24268	77817	10524	60304	79352	31942	85419	93017	28087	78323	77109	56832	78400	24190	37978	85863
53841	28758	93442	42983	25254	96336	16570	89358	36619	72838	10933	99964	13468	17211	48046	51122	92668	96750	11130	06275
07626	78473	17708	50059	33584	52451	11575	53992	83223	58546	49559	71671	53603	24491	57570	90789	32932	67449	05115	45941
40645	27008	16341	05870	42604	79286	08720	13175	89573	38051	39391	92039	71664	40219	97707	93975	66981	19556	24605	52169
82666	14127	94390	07069	39152	10357	94612	56748	75428	28101	38543	54214	48928	32818	51963	87353	15094	29529	87305	01361
60147	99378	58310	34655	48242	58656	30544	01860	08322	70476	44242	54227	28598	64422	29361	20359	48577	05971	92373	22765
61557	43927	11643	65522	76713	95782	34956	67384	47654	64999	11468	74140	81386	94127	67342	38010	92522	57728	39432	27914
71522	16545	68464	62540	76143	06328	94718	58404	84099	73641	52165	54336	89196	40042	37889	06003	58033	50082	94988	62152
05366	66273	49518	25415	20346	22719	18255	47685	78475	67421	83093	77038	55399	67893	89597	85630	08059	35757	49479	63531
72668	62720	08971	97908	15905	86615	97559	68107	10649	30976	66455	90708	08450	50129	17795	55604	51222	17900	55553	02980
51497	78491	83680	08319	51223	19735	72708	82599	28127	29660	30790	65154	19582	20942	81439	83917	90452	64753	99645	19799
66170	68781	91423	86645	02925	51327	41022	76893	29200	82747	97297	74420	18783	93471	89055	56413	77817	10655	52915	68198
23361	60672	52451	03774	06365	94880	70978	57385	70532	46078	87300	53319	90155	03154	20301	47831	86797	11284	49160	79852
53608	59661	70966	24937	56559	98856	19207	41684	20288	19783	82215	35810	39852	43795	21530	96315	55657	76473	08217	46810
24079	01177	02666	35515	24819	73382	50172	23114	28745	12249	35844	63265	26451	06986	08707	99251	06260	74779	96285	31998
50495	87947	20592	91917	59595	55083	43112	94833	72864	58785	53473	06308	56778	30474	57277	23425	27602	47759	18422	56074
93550	48308	20282	92711	74402	51335	64031	41740	69680	69373	73674	97914	77989	47280	71804	74587	70563	77813	50242	60398
16260	03381	09798	89487	33632	47073	92357	38870	73784	95662	83923	90790	49474	11901	30322	80254	99608	17019	17892	76813
32868	72831	55156	90166	91599	09471	79945	42580	86605	97758	08206	54199	41327	01170	21745	71318	07978	35440	26128	10545
80722	21328	19977	82161	29385	62151	48030	05125	70865	72154	86385	39490	57482	32921	33795	43155	30432	48384	85430	51828
67362	87389	09559	98456	70498	40173	80016	81500	48061	25583	74101	87573	01556	89183	64830	16779	35724	82103	61658	20206
83452	92994	85019	57720	36951	03383	34265	65728	89776	04006	06080	84076	12445	47416	83620	59151	97420	23689	74515	55211
51168	41624	94768	53124	95920	04777	82534	76335	21108	42302	79406	21054	80132	67719	72662	58360	57384	65406	63918	17046
83805	28803	63272	65480	08764	16379	72055	61146	82780	89111	53131	57879	39099	42715	24830	60045	23250	30847	46616	17817
59782	50488	77081	10186	86577	28581	26999	96204	20431	30114	23035	30380	76272	60343	57573	42402	47962	21439	54664	97968
09627	26695	79373	09119	79765	99918	01628	47335	17893	53176	07436	14799	78197	48601	97557	83918	20530	61565	69344	71964
[illegible]	[illegible]	71684	24975	60617	77991	66322	27390	73834	73494	21527	93579	20049	85666	25102	64733	93872	72698	78520	43340

```
52928  66296  54988  78749  16135  82797  31296  93268  16197  68420  26820  66239  50962
09403  50848  35677  49046  72107  12238  11550  65356  87336  70630  94162  42006  99213
20328  72163  30452  78760  60261  11207  73065  48286  96197  30038  13102  74518  20992
78707  57821  69084  68780  36880  02564  99978  62332  98154  04905  60399  19080  72417
                                                                          13884  25376  60187

73597  94657  72927  46459  61325  50908  26001  65283  18169  72867  96944  69875  31568
07446  64408  19956  45159  11338  58729  78802  32784  38073  89260  76952  50065  89540
47870  55448  14158  63461  42430  30450  74633  55032  93544  87910  09012  39805  35950
84269  35824  28108  49401  36478  41771  98154  45037  68034  93610  51745  97527  62841
52704  71441  50581  65679  17182  60733  76076  40751  98561  92450  25837  99966

19020  09999  08516  82751  52148  09111  77930  32391  13459  59896  88460  34049  19544
19442  94873  36976  30386  65815  17378  59559  06780  54939  78360  20537  06126  92480
39523  74227  51895  39733  93548  07887  47338  12240  32277  23015  96907  37411  90717
01201  85057  93409  21176  18960  47330  11566  52527  62992  54261  88992  69756  46772
51725  60273  84903  31438  36959  40702  68130  63125  50005  20204  90037  86734  92743

91045  72642  42684  32419  12825  63590  07771  96094  41635  52830  45486  46338  71128
54896  95603  17290  91508  84563  99272  83110  54878  95523  69319  75829  71060  85547
92324  88115  38006  46000  32257  01316  25318  52596  72494  86685  28575  61757  71249
88397  78035  06366  37342  02181  70261  16304  27899  78684  72590  83056  47463  99723
52118  65337  13461  18438  13032  14048  07351  78020  86361  30286  09070  14735  88551

37202  05623  23595  79677  37141  03590  07866  67850  36117  80193  45479  73835  51776
71637  80260  83299  29743  26784  77792  09102  99982  30411  83521  15486  71060  47200
35790  19603  31212  34119  27391  93272  34196  25774  36086  29523  49167  81559  26035
09087  72525  34402  50115  72514  01316  98251  62453  77070  07131  87791  67375  98035
09768  36608  48108  92337  34280  06370  55130  07761  88243  03070  37355  20911  08777
                                                                          77355  25254  79000

83816  94863  39629  27812  11789  04083  83831  67850  96117  14321  25453  15486  28464
00806  00718  06483  39967  16564  22938  44890  99982  20308  53609  99631  48798  46790
65733  03902  40835  08271  13073  18182  45043  86898  87645  21919  48864  20242  20735
60671  23190  37433  52931  08337  07401  34377  63300  89969  22532  78763  37209  49516
45326  86280  74876  45281  63263  02132  03303  63636  40761  46570  57150  48254  98035

54419  65493  88741  89069  10789  30238  36105  35306  37114  92291  43889  16741  86267
72845  60483  40835  60005  00000  22938  13073  94910  43098  23301  76556  95586  73187
01823  48113  40057  87083  15564  18182  27750  87302  24885  79506  07132  92035  92769
98971  81320  05251  37320  10895  16187  23355  20136  67745  31497  00908  76620  50511
71883  93005  07888  64673  54669  07401  01674  74827  03173  38424  11361  15263  58581

25493  56247  25634  84761  95158  21479  27146  75682  43361  76069  06609  26238  86267
28278  89816  13134  65536  19838  30776  01674  12238  56350  95385  99673  20306  73187
44834  00000  52509  32114  87037  90000  66030  91818  14883  19973  60878  47189  44235
23329  16108  56661  76506  02131  46059  93941  09075  22384  68433  52520  27281  59399
30709  25869  98145  76918  41000  22208  72208  17326  39703  83244  17858  37763  30709

54597  28074  92908  41973  51147  54894  75652  98936  11276  30275  22753  65135  86267
81456  11110  94771  36605  26090  69730  12238  68770  86381  43130  68108  36575  73187
91503  59589  22803  18122  17790  54358  92189  25355  06210  09608  77533  44235
63651  64109  13207  68346  00052  04099  55455  42501  83118  86616  08613  87642  50511
30709  25869  68851  65221  36106  36393  27129  17326  36433  73332  14158  61204  91185
```

17.

Draußen war es dunkel geworden, wie immer lag schmutziger Nebel in den Straßen, und die Menschen hatten ihre Atemfilter umgebunden.

Ben nahm sich keine Zeit dazu. Er rief ein Schwebecar zu einer Sonderfahrt, stieg ein und ließ sich zur Zentrale bringen.

Das Tor war geschlossen, aber er hatte seine Kennkarte präpariert, und so öffnete es sich prompt, als er sie einsteckte. Als es hinter ihm zugefallen war, drehte er sich plötzlich um: Es kam ihm vor, als wäre damit etwas Abschließendes, Endgültiges geschehen. Dann aber sagte er sich, daß dieser Eindruck vielleicht auch durch den ungewohnten Anblick des Gebäudeinnern veranlaßt wurde; er hatte es noch nie außerhalb der Dienststunden gesehen, und schon gar nicht in der Nacht. Es war nur durch die Radiolumineszenzstreifen an Decken und Wänden beleuchtet – ein Licht, das Kontraste verwischte und Gegenstände wie von Staub überzogen aussehen ließ.

Ben vermied es, den Lift zu benutzen und stieg lieber die Treppen hinauf.

Als er seinen neuen Arbeitsraum betrat, blieb er wie erstarrt stehen: Auch hier hatte eine rücksichtslose Meute gewütet. Die Zerstörungen an den Anlagen berührten ihn mehr als jene in seiner Koje: Alle Verkleidungen waren abgerissen, die Schaltungen geöffnet, unzählige Chips lagen am Boden herum. Auch die Schrankfächer standen offen, sämtliche Kassetten mit Magnetbändern lagen geöffnet herum, die Bänder selbst waren zu endlosen Schlangen auseinandergezogen und bildeten einen unentwirrbaren Klumpen in einer Ecke des Raums. Ben drehte sich um – ganz so überraschend kam dieser Anblick nicht.

Er hätte an einen beliebigen anderen Arbeitsplatz gehen können, aber irgendetwas zog ihn in seinen alten Raum zurück. Er lief zwei Etagen abwärts und dann den Gang entlang. Ein wenig hatte er damit gerechnet, daß man auch diese Kammer durchsucht hatte, doch er fand sie unbeschädigt vor.

Er trat ein. Auf dem Pult lagen einige Stifte, daneben ein No-

tizblock. Auf den Blättern hingeworfene Worte, Daten ...
Also hatte man schon einen Nachfolger für ihn gefunden.

Er zog den Stuhl vom Pult mit der elektrischen Schreibeingabe ab und setzte sich. Mit den geübten Handgriffen, die er schon tausendmal angewandt hatte, stellte er die Verbindung her. Der Leuchtschirm wurde hell. Ein Schriftzug erschien. Eine Kennzahl: 33-78568700-16 R. Ein Name: sein eigener. Ein Diagramm, eine abwärtslaufende Linie. Ein Kreuz, das das Endergebnis der statistischen Aufnahme anzeigte. Und dann, in einer weiteren Zeile, rot unterstrichen, die neue Einstufung: Y–.

Obwohl Ben damit gerechnet hatte, war er ein paar Sekunden lang benommen vor Schreck. Er schien keine Luft zu bekommen – seine Lungen zogen ächzend den Atem ein ...

Dann erholte er sich rasch. Das war im Moment nicht das Wichtigste. Früher oder später hatte es eintreten müssen. Er war darauf zugegangen. Wenn er es sich auch nicht eingestanden hatte, so hatte er es geahnt. Und schließlich war er hierher gekommen, um der anderen Seite zuvorzukommen ...

Das System funktionierte, er hatte Zugriff zum Rechenwerk, zum Steuerzentrum, zu den Speichern ... Darauf kam es an.

Er hatte sich genau eingeprägt, welche Anweisungen er geben mußte, um die Sperren zu durchbrechen, um die es ihm jetzt ging. Dann rief er den Inhalt der Aufzeichnungen auf; sie erschienen prompt auf dem Bildschirm – nüchterne Zahlen, Zeichen, Worte, denen man ihre Brisanz nicht ansah.

Und nun gab Ben jene Anweisung, die die Verbindung herstellte – die die Information genau dorthin leitete, wo sie verwertet werden würde ...

Noch einige Befehle – Maßnahmen zur Sicherung: Dieses Programm würde bis zum Ende durchgeführt werden, niemand konnte etwas daran ändern.

Ben legte den Hauptschalter nach links. Der Bildschirm wurde dunkel, die Lämpchen am Eingabepult erloschen. Er war aus dem System ausgeschlossen. Aber dieses System war lebendig, und es folgte dem, der den Schlüssel dazu hatte.

Ben hatte nichts mehr zu tun. Er war ausgepumpt, leer. Er wartete. Er wußte nicht, worauf, aber irgendetwas würde eintreten, das nur noch ihn persönlich betraf, und es war nicht mehr abzuwenden.

Als er Schritte hörte, drehte er nicht einmal den Kopf. Eine Hand legte sich auf seine Schulter . . . eine Stimme – jene von Oswaldo.

»Ich habe mir gedacht, daß ich dich hier finde.«

Jetzt drehte sich Ben um. »Ist sonst niemand hier?«

»Wer soll noch hier sein? Ich wollte allein mit dir sprechen. Oder suchst du Gunda? Sie ist soeben verhaftet worden. Sie und ihre Mitverschwörer. Du hast die Prüfung bestanden und dich nicht mit ihr verbündet. Dir haben wir es zu verdanken, daß wir ihr auf die Schliche gekommen sind. Du hast den letzten Teil deiner Prüfung bestanden – und meine Erwartungen nicht enttäuscht.« Oswaldo ergriff Bens Hand und schüttelte sie. »Komm mit – hier hast du nichts mehr zu tun.«

Er führte Ben in sein Büro. Hier lag ein neuer, sauberer Overall für ihn bereit. »Du wirst dich säubern wollen, dort ist die Tür zum Waschraum. Und zieh dich um!«

Gedankenverloren folgte Ben den Anweisungen. Er ließ sich kühles Wasser, das nur wenig nach Schwefel roch, über das Gesicht laufen – so lange, bis er glaubte, wieder klar denken zu können.

Oswaldo erwartete ihn im Vorraum und forderte ihn wieder zum Mitkommen auf. Mit dem Lift fuhren sie zum Dachgeschoß, wo ein Turbinentaxi bereitstand. Ben war noch nie in einem geflogen . . .

Oswaldo setzte sich ans Steuer, Ben neben ihn. Die Kanzel war voll mit Glas verkleidet. Sie hing unter dem Antriebs- und Steuerteil – sie hatten Aussicht nach allen Richtungen.

Oswaldo zog den Flugkörper langsam hoch, durch wabernde Nebelfetzen, die im Licht der Scheinwerfer wie eine heftig bewegte Flüssigkeit aussahen. Nach ein paar Sekunden hatten sie die Oberfläche des Nebelmeers erreicht. Sie befanden sich in klarer Luft – in einem Bereich, den Ben erst ein einziges Mal ge-

146

sehen hatte: von der Wohnterrasse im Hochhaus. Wie weit lag das zurück!

Endlich begann Oswaldo zu reden. So neugierig Ben auf seine Erklärungen war, so hatte er ihn doch nicht drängen wollen. Er hatte gewußt, daß Oswaldo von selbst anfangen würde, sobald der richtige Zeitpunkt gekommen war.

»Schau hinunter! Aus dieser Höhe ist nichts davon zu bemerken, daß die Erde besiedelt ist. In solchen Regionen gewinnt man Abstand vom Alltag. Und wenn man wichtige Entscheidungen zu fällen hat, dann ist es gut, solchen Abstand zu gewinnen.«

Sie schraubten sich immer höher empor, manchmal zwischen Flocken von hellen Wolken hindurch, die in horizontalen Schichten wie mit Stecknadeln aufgespießt verteilt waren. Im Osten schickte sich die Sonne an, das Meer von diffusen Massen zu durchbrechen. Ein feuriger Kreis wuchs, erhellte sich dabei – ganze Bündel von gelben Strahlen schienen in das All hinauszuschießen.

»Von hier aus sieht das Meer des Smogs ganz anders aus, als wenn man sich darin befindet«, sagte Oswaldo. »Es ist das letzte Überbleibsel einer vergangenen Geschichtsepoche – einer Zeit, in der der Mensch seinen Lebensraum systematisch zerstörte. Er hatte schon ein beachtliches technisches Niveau erreicht, und dennoch war es eine Zeit der Anarchie. Die Vernunft hatte mit der Wissenschaft nicht Schritt gehalten. Der Mensch war nicht fähig, den Regeln der Vernunft zu folgen – sich selbst einer Ordnung zu unterwerfen, die für das Überleben unentbehrlich ist.«

Ben sagte nichts, und nach einer kleinen Pause fuhr Oswaldo fort: »Die Oberfläche des Smogmeeres ist im Sinken begriffen. Die Ansammlungen von Ölrückständen, Metalloxiden, Ruß und Schmutz gehen zurück. Jedesmal, wenn ich mir einmal die Zeit nehme, hier heraufzufliegen, kann ich mich von unseren Erfolgen überzeugen: Noch haben wir unter den Nachwirkungen einer wahnsinnig gewordenen Menschheit zu leiden, aber allmählich werden wir damit fertig. Ich warte auf den Tag, an dem sich die Nebelmasse öffnet und unsere Stadt zum ersten Mal im unvergleichlichen Licht der Sonne erstrahlen wird.« Wieder schwieg er, und es war Ben so, als versuche Oswaldo, seine Rührung zu verbergen. Er verstellte einige Hebel. »Automatische Steuerung. Jetzt können wir uns in Ruhe unterhalten.« Seine Stimme klang jetzt fester, weniger nachdenklich. »Ich bin überzeugt, daß dir eine Menge Fragen auf der Zunge liegen.«

Ben mußte sich fast gewaltsam der Stimmung entreißen, in die er geraten war: ein Gefühl des Irrealen, des Abgelöstseins – einen neuen Standpunkt erreicht zu haben: weitab von banalen Problemen des täglichen Lebens. Er wäre gern bereit gewesen, all das zu vergessen, was ihn an diese düstere Welt band, die dort unten, irgendwo unter der Nebeldecke, lag. Wollte ihm Osswald einen Ausweg andeuten, eine ungeahnte, unglaubliche, bessere Möglichkeit? Doch dann wurde er wieder nüchtern, und seine Stimme klang ruhig, als er fragte: »Wieso bin ich hier? Warum haben Sie mich mitgenommen. Was hat das zu bedeuten? . . . Sie wissen, was ich meine: die Kategorie Ypsilon minus.«

»Gewiß, die neue Qualifikation. Was hast du eigentlich erwartet? Was, meinst du, geschieht mit Menschen, die mit Ypsilon minus qualifiziert werden?«

»Nun – bestenfalls eine psychologische Umformung, die Bildung einer neuen Persönlichkeit. Aber viel wahrscheinlicher: die Nihilation. Das vorzeitige Ende.«

Oswaldo lachte leise. »Die Kategorie Ypsilon minus ist nur eine Zwischenstation. Deine neue Klassifikation lautet ›C‹. Nun bist du ein Angehöriger der C-Kategorie mit allen ihren Aufgaben und Pflichten.«

»Aber wieso . . . die Resultate der Statistik . . . die Benotung ist schlecht, sie liegt weit unter dem Durchschnitt.«

Wieder lachte Oswaldo. »Jede Beurteilung ist relativ. Ich gebe dir ein Beispiel: Was bedeuten Aktivität, Initiative und Kreativität für einen Arbeiter am Fließband? Eigenschaften dieser Art sind seiner Tätigkeit nur lästig. Prüft man ihn auf seine Eignung, so werden die Ergebnisse schlecht sein. Verstehst du, was ich sagen möchte?«

»Ich glaube: ja ... Sie meinen, daß die Ypsilon-minus-Qualifikation zwar für bestimmte Aufgaben ein negatives Urteil bedeutet, daß aber dieselben Eigenschaften für andere Aufgaben positiv, ja sogar wesentlich sein könnten.«

»Genau das«, bestätigte Oswaldo. »Und damit komme ich auch zur Erklärung dessen, was dich in den letzten Tagen sicher bewegt hat: dein eigenes Schicksal. Die Sache ist ganz einfach. Es ist sehr schwer, aus der riesigen Menge unserer Staatsbürger jene Menschen herauszufinden, die aufgrund unerwarteter genetischer Änderungen, Mutationen, Eigenschaften gewonnen haben, die ihnen zunächst fehlten. Wir sind uns darüber im klaren, daß es keinerlei Tests gibt, um solche Eigenschaften einwandfrei festzustellen. Denn die üblichen Prüfungsnormen weisen in eine andere Richtung, und gerade wer intelligent ist, weiß, wie er sich verhalten muß, um im herkömmlichen Sinn ›gute‹ Eigenschaften vorzuweisen. Hast du dich nicht selbst manchmal in dieser Weise um eine schlechte Benotung herumgedrückt?«

Als Ben nickte, fuhr er fort: »Es gibt keine bessere Methode, um Aktivität, Initiative und Kreativität nachzuweisen, als den Betreffenden in eine Situation zu bringen, in der er gezwungen ist, alle diese Eigenschaften anzuwenden. Wir waren es also, die dieses Spielchen inszeniert haben, und ich muß dich um Entschuldigung bitten, daß es dir schwere Stunden bereitet hat. Ich bitte dich aber auch um Verständnis! Und wie du siehst: Die Methode funktioniert.«

»Gunda hat mir eine andere Erklärung gegeben«, warf Ben ein. »Sie sagte, es sei ihre Gruppe gewesen, die mir den Befehl zur Untersuchung des eigenen Falls gegeben hätte.«

»Du kannst Gunda ruhig vergessen«, antwortete Oswaldo ernst. »Lange Zeit hindurch war sie mir eine gute Mitarbeiterin. Und sehr angenehm. Du wirst ja inzwischen auch festgestellt haben, daß die strikte Trennung zwischen Mann und Frau, wie sie den unteren Kategorien vorgeschrieben wird, nur eine Konsequenz unserer Taktik ist. Nun ja, – Gunda hat mich enttäuscht. Einige Zeit hindurch dachte ich, sie würde die Überstellung in eine höhere Kategorie verdienen. Doch es waren die moralischen Eigenschaften, die das nicht zuließen. Du hast sicher bemerkt, daß sie eine hervorragende Schauspielerin war, und daß sie glaubhaft lügen konnte. Was sie dir erzählt hat, entspricht nicht der Wahrheit. Sie hat es sich vom ersten bis zum letzten Wort ausgedacht, nur um an die Aufzeichnungen zu kommen.«

»Ich habe auch vermutet, daß sie nicht bei der Wahrheit geblieben ist«, meinte Ben. »Aber irgendein wahrer Kern muß doch dahinterstecken. Was war nun mit meiner Vergangenheit? Welche Bewandtnis hat es mit der Untergrundorganisation, der ich angehört haben sollt? In welcher Beziehung stehe ich zu Barbara, zu Hardy und zu Jonathan?«

Der Flugkörper hatte sich längere Zeit hindurch auf einer Horizontalen bewegt, und nun lag das Meer unter ihnen. Im Licht der Sonne, die inzwischen höher gewandert war, spiegelten sich hunderttausend Wellen. Die Reflexe zeichneten Dreiecke, Streifen und Trapeze auf die Wasseroberfläche. Ben hatte sich das Meer nie richtig vorstellen können.

Oswaldo verstellte einen Hebel am automatischen Steuerungssystem – der Horizont schien wie eine Drehscheibe zu rotieren, und dann flogen sie, ruhig und gleichmäßig wie zuvor, auf einem großen Bogen zurück.

»Du wirst doch jetzt nicht mehr im Ernst annehmen, daß sich unter all diesem wirren Zeug ein Funken Wirklichkeit verbirgt! Freilich, wir sind imstande, in die Vergangenheit einzugreifen, oder, besser gesagt, in die Vorstellungen von der Vergangenheit. So ist es auch in deinem Fall geschehen. Wir haben ein Stück imaginäres Geschehen aufgebaut – wir mußten es tun, denn aus deinem Werdegang, der völlig regulär verlief, hätte sich kein Anlaß zum Handeln für dich ergeben. Aber du kannst dich ja selbst danach fragen: Ist in all deinen Erinnerungen, die du von früher zu haben scheinst, auch nur das Geringste aufgetaucht, das dir als reales Geschehnis vorkommt?«

»Nein«, gab Ben zu. »Reales Geschehnis? Nein – nichts.« Er rief sich die Szenen und Bilder, die ihm seine Traumerlebnisse vorgegaukelt hatten, noch einmal ins Gedächtnis zurück – nein, es war nichts Gesichertes darunter, nichts, das er als wirklich erlebt anerkennen würde. Und doch, abseits allen Handelns und Erlebens gab es da etwas, etwas absolut Gültiges, etwas, das sich in ihm erhalten hatte – wenn er auch dessen Ursprung nicht auf die Spur zu kommen vermochte ... er wollte es Oswaldo zu erklären versuchen, aber schon sprach dieser weiter.

»Barbara, Hardy und Jonathan sind Psychopathen, Menschen, die in einer Welt der Einbildung leben, fast schon am Rande der Lebensberechtigung. Und doch erfüllen auch sie eine Funktion in unserer Gesellschaft: Sie helfen uns von Zeit zu Zeit dabei, Personen aufzuspüren wie dich. Wir machen sie zu Attrappen ihrer vorgetäuschten Vergangenheit, einer Vergangenheit, die sie dann ablegen wie einen Mantel. Aber das ist alles vorbei, du brauchst dich nicht mehr davon beirren zu lassen.«

»Und was habe ich als Angehöriger der Kategorie C zu tun?«

»Gunda hat dir erzählt, daß wir alle Nichtstuer und Ausbeuter sind. Ja, du hast richtig gehört – ich beziehe mich mit ein, denn ich selbst gehöre der Kategorie A an. Meine Qualifikation F dient nur zur Tarnung. Aber Gunda hatte unrecht. In Wirklichkeit hat jeder von uns auch seine Aufgabe in den unteren Klassen, er hat seinen Decknamen, der aber in seiner Bedeutung weit über eine Tarnung hinausgeht – denn er lebt genau im Sinn seiner offiziellen Einstufung.«

»Und die Wohnung, oben im Hochhaus?«

»Ich weiß – du hast sie besucht. Wir haben das vorbereitet, du solltest eine Ahnung davon bekommen, daß es auch noch andere Seiten des Lebens gibt. Nun, die Frage ist leicht zu beantworten. Und doch muß ich ein wenig weiter ausholen. Wie dir bekannt ist – und hier kannst du dich voll auf die Informationen aus dem Geschichtsunterricht verlassen –, war die Menschheit früher nicht nur von außen bedroht, sondern auch von innen. Durch Mißbrauch ihrer Freiheit, durch ein ausschweifendes

Leben, durch ein Handeln gegen alle Gesetze der Medizin und Psychologie haben die negativen Eigenschaften immer mehr die Oberhand gewonnen. Körperliche und geistige Degeneration, Anfälligkeit gegen Krankheiten, Überhandnehmen destruktiver Antriebe, ein Zusammenbrechen der Ethik und Moral. Zum Aufbau unserer Freien Gesellschaft mußten wir zu völlig neuen Formen der Organisation finden. Es ist nicht vertretbar, daß sich alle Menschen wahllos miteinander paaren und unbeschränkt vermehren. Nur noch ganz wenige unter ihnen haben einen Genpool, der in jeder Hinsicht gesund und einwandfrei ist: ihre Nachkommenschaft muß die leeren Stellen ausfüllen, die durch die Geburtenbeschränkung entstehen. Hier stützen wir uns auf der System der Klone: aus jeder Eizelle entstehen durch künstlich induzierte Teilungen ein paar Dutzend Kinder. Sie sind genetisch identisch, sie alle haben dieselben positiven Eigenschaften wie ihre Eltern. Und ich darf dir mitteilen, daß auch du unseren Untersuchungen gemäß für das Kloning zugelassen bist.«

Inzwischen schwebten sie wieder über einem Meer von Nebel, das nach allen Richtungen hin unbegrenzt zu sein schien. Oswaldo übernahm die Steuerung, und der Flugkörper begann langsam zu sinken.

»Es ist klar, daß dem Nachwuchs unsere ganze Sorgfalt gilt. Auch hier mußten wir ganz andere Vorkehrungen treffen, als das früher geschehen ist – als man die Ausbildung der Lust und Laune des Einzelnen überließ. Nein, jetzt führen wir eine Betreuung durch, die den ganzen Menschen erfaßt, und zwar lückenlos, bis zum zweiundzwanzigsten Lebensjahr. Wir haben die Mittel des audiovisuellen Unterrichts perfektioniert und arbeiten mit Lehrprogrammen, die dem Einzelnen bis aufs feinste angepaßt sind. Jeder erhält eine ganz speziell für ihn berechnete, seinen Begabungen und Neigungen entsprechende Ausbildung. Es ist klar, daß wir auch Charaktereigenschaften und Handlungsweisen trainieren. Das Ergebnis sind Menschen, die mit sich und ihrer Umgebung im Gleichgewicht stehen. Die Aufgaben, die wir ihnen später zuweisen, entsprechen ihrem

Können und ihren Vorlieben. Und sie sind bereit, richtig zu handeln, sich den Notwendigkeiten des Systems zu fügen. Niemand mehr wird unterdrückt, weder körperlich noch geistig, weder direkt noch indirekt.«

»Aber ich erinnere mich nicht an meine Ausbildung«, sagte Ben.

»Gewiß«, bestätigte Oswaldo. Inzwischen befanden sie sich wieder in der Nebelmasse, die jetzt durch das diffus gestrahlte Sonnenlicht noch trübe erhellt war. »Gewiß! Auch das beruht auf einer Maßnahme, die für das Bestehen einer reibungslos funktionierenden Gesellschaft unerläßlich ist. Sie beruht auf dem Unterschied zwischen einem lernoffenen Jungwesen und einem gereiften Individuum, für das jede Lernfähigkeit eine Gefahr bedeutet. Sobald die Ausbildung abgeschlossen ist, braucht keine neue Lehrinformation mehr hinzuzukommen; es genügt, wenn die alte immer wieder erneuert wird. Aus diesem Grund nehmen wir einen Eingriff vor – es handelt sich um die Elektrokoagulierung eines winzigen Zentrums im Gehirn –, der gewissermaßen der Schlußstrich unter die Lernphase ist. Als Begleiterscheinung dieser Operation erlischt auch die Erinnerung an die Lernzeit. Und das hat sogar seine guten Seiten: störende Gedanken und Erinnerungen werden eliminiert.

»Wissen die Schüler, was ihnen bevorsteht? Ich meine: Wird ihnen gesagt, daß man ihre Erinnerungen löscht und ihre Fähigkeit, sich weiter zu entwickeln, abtötet?«

Oswaldo blickte Ben forschend an. »Sie wissen, daß sie ihre Prüfung bestanden haben und ins Leben hinaustreten werden. Das ist ein wichtiger Augenblick in ihrer Entwicklung, und er wird mit einem Fest und mit einer rituellen Zeremonie gefeiert. Das ist alles; mehr brauchen sie nicht zu wissen. Und das ist richtig so.«

Inzwischen wurde es zusehends dunkler um sie, die Sonne hatte in dieser Jahreszeit noch nicht die Intensität, um die Nebelschicht bis zum Grund zu durchdringen. Und dann landeten sie mit einem sanften Ruck auf dem Dach des Gebäudes, von dem sie gestartet waren.

Grundsatzreferat zu den Entwicklungszielen des Ordnungsstaats

Aufgaben wie Forschung und Wissenschaft sind Kennzeichen einer Übergangsphase, die dadurch gekennzeichnet ist, daß der angestrebte Idealzustand noch nicht erreicht wurde. Der damit betraute Personenkreis steht außerhalb des Gesetzes. Er ist auf ein unabdingbar kleines Minimum zu reduzieren. Kommunikation zwischen dem extraterritorialen Arbeitsbereich und der Außenwelt ist auf unbedingt nötigen Austausch fachlicher Daten beschränkt.

Es ist die vordringliche Aufgabe des Ausschusses, Pläne für die raschestmögliche Realisierung der Idee des Ordnungsstaats auszuarbeiten. Diese Ausarbeitung hat so zu erfolgen, daß sie den Programmsprachen und der Funktion von digitalen Rechenanlagen optimal angepaßt ist. Der Zustand der Vollautomatisierung ist dann erreicht, wenn die Computer in Form von Programmen vollständige Richtlinien für den Übergang zum totalen Ordnungsstaat erhalten haben. Ein weiterer Einsatz von Forschung und Wissenschaft ist dann überflüssig. Da jede Erinnerung an die letzten Relikte der chaotischen Zeit Unruhe und Störungen hervorrufen kann, hat sich der betreffende Personenkreis hierauf unverzüglich einem umfassenden Gedächtnisblock zu unterwerfen. Er wird dann uneingeschränkt in die Soziostruktur der Freien Bürger integriert. Durch diese Maßnahme ist die letzte Einflußmöglichkeit archaischen Gedankenguts getilgt – der Mensch hat das Endziel seiner Entwicklung erreicht:

DER HÄNDE ARBEIT, DIE SORGE UM DAS TÄGLICHE BROT GEHÖREN DER VERGANGENHEIT AN. DER MENSCH HAT DEN WEG ZURÜCKGEFUNDEN: INS PARADIES.

18.

Oswaldo und Ben verließen das Flugzeug. Ben wollte zu der Treppe gehen, die zum Lift führte, doch Oswaldo deutete in eine andere Richtung: »Hierher!«

Es war der Eingang zu einem Lift, der sich kaum von jenem unterschied, mit dem sie hergekommen waren. Oswaldo betätigte die Rufanlage, und kurze Zeit später öffnete sich die Schiebetür. Sie traten ein und fuhren abwärts.

»Ich bringe dich in einen anderen Teil des Gebäudes«, kündigte Oswaldo an. »Die Arbeitsräume der obersten drei Kategorien sind aus verständlichen Gründen von jenen der anderen getrennt. Ich führe dich in deine neuen Räume.«

Sie verließen den Lift und gingen einige Schritte durch einen Gang. Er war schmucklos bis auf einen schweren roten Läufer und einen Strang von Leuchtröhren, der in gekrümmten Bahnen, eine phantastische Schlangenlinie bildend, die Decke entlanglief.

Oswaldo öffnete eine Tür, sie traten ein. Ein Mädchen saß an einem automatischen Schreibgerät. An der Wand über ihr waren sechs Bildschirme angeordnet. Zwei davon waren ausgeschaltet, einer zeigte den Haupteingang des Gebäudes, der andere dessen Dach mit dem Landeplatz für die Flugzeuge, der dritte den Korridor vor der Tür. Auf dem vierten war ein modern eingerichtetes Arbeitszimmer zu erkennen.

Das Mädchen erhob sich. Es trug einen dunkelroten Minirock und einen schwarzen Pullover. Es war blond und hatte die Haare in der Mitte gescheitelt. Sie fielen bis zur Schulter hinunter. »Das ist Jenny, deine Sekretärin.«

Das Mädchen stand auf und reichte Ben die Hand. Es war unbeschreiblich hübsch, so hübsch, wie sich Ben auch in seiner kühnsten Phantasie keine Frau vorgestellt hatte. »Aber komm doch weiter: Hier ist dein Arbeitsraum.«

Oswaldo schob Ben vorwärts durch eine geöffnete Tür an der rechten Wand. Offenbar befanden sie sich in jenem Arbeitszimmer, das auf dem vierten Bildschirm zu erkennen war.

»Gefällt es dir?«

Das Zimmer war hell und freundlich. Es zeigte keinen überflüssigen Luxus, doch das Material der Möbel, die Tapete an der Wand, der Bodenbelag, die mannshohen Fenster ... alles das war von einer phantastischen Vornehmheit und Würde. Es mußte einfach wunderbar sein, hier zu arbeiten.

Oswaldo gab Ben, der unbewegt stehengeblieben war, einen leichten Stoß. »Dort ist dein Schreibtisch, er ist mit allem ausgestattet, was du brauchst. Setz dich!«

Ben glaubte zu träumen. Er setzte sich, ließ den Blick durch den Raum schweifen, über ein Relief aus einem dunkelglänzenden Metall, das eine geometrische Figur zeigte, über einen Sichtschirm von zwei Metern Durchmesser an der gegenüberliegenden Wand, über mehrere niedrige und breite Sessel und eine Couch, die in einer rechteckigen Vertiefung im Boden zu einem Rechteck angeordnet waren, über den Glastisch in der Mitte, über einige exotische Pflanzen, die in irdenen Behältern auf dem Fensterbrett standen und durch die hellgelb getönte Scheibe, die ihn von draußen trennte. Er blickte in einen riesigen Innenhof von der Form eines langgezogenen Sechsecks ... Unten waren Bäume angepflanzt, eine Rasenfläche, Blumen, und auf alles schien die Sonne, oder zumindest glaubte er das zunächst, bis er erkannte, daß der Hof durch eine Glaskuppel überdacht war, in deren Mitte ein Warmlichtstrahler seinen Schein über den Garten fließen ließ.

Oswaldo setzte sich auf einen Stuhl, der an der Frontseite des Schreibtisches stand. »Hier wirst du arbeiten«, wiederholte er. »Selbstverständlich wirst du einen Decknamen bekommen und eine Tarnklassifikation – ich glaube, mit der Einstufung. Das alles wird dir Jenny sagen. Du wirst eine Menge Pflichten haben und eine gehörige Portion Verantwortung. Du wirst mehr leisten müssen, als du bisher je geleistet hast, aber du wirst dafür belohnt werden. Männer unserer Position brauchen auch einmal Entspannung. Und selbst während dieser Zeiten sind wir für die Gesellschaft tätig. Ich habe dir bereits berichtet, daß du zum Kloning auserwählt bist. Von Zeit zu Zeit wirst du in eines

156

unserer Appartements ziehen, in die Hochhäuser draußen am Stadtrand. Und du wirst die Gesellschaft von Frauen genießen, die allen Ansprüchen entsprechen, nicht nur den genetischen.«

Vielleicht war es ein Zufall, daß Jenny ins Zimmer getreten war, einen Notizblock in der Hand.

»Gut, dann kann ich dich ja zunächst allein lassen«, sagte Oswaldo und stand auf. »Jetzt bist du einer der unseren. Da wäre nur noch eine Kleinigkeit – ich hätte fast darauf vergessen: Für unser Archiv brauchen wir die Aufzeichnungen – du weißt, welche ich meine. Du brauchst sie mir nicht selbst zu geben, es genügt, wenn du sagst, wo sie sind.«

Ben hatte die Hände an den Rand der Schreibtischplatte gelegt und ließ sie über das Material streichen ... war es Kunststoff, Stein, Metall? Er fühlte die Glätte des Materials – ein angenehmes Gefühl von Beständigkeit und Festigkeit.

»Hast du nicht gehört, Ben? Ich habe dich um die Aufzeichnungen gebeten. Es handelt sich zwar nur um Kindereien, aber es wäre doch dumm, wenn sie in die falschen Hände fallen würden. Wo hast du sie?«

»Ich habe sie verbrannt«, antwortete Ben.

»Verbrannt?« fragte Oswaldo. Vielleicht war seine Stimme eine Spur leiser als zuvor. »Was meinst du damit: verbrannt?«

»Was ich damit meine? Das, was ich sage: Ich habe sie verbrannt.«

Oswaldo schwieg ein paar Sekunden. Dann sagte er: »Willst du damit sagen, daß die Aufzeichnungen nicht mehr existieren? Erinnerst du dich auch genau? Hast du einen Beweis dafür?«

»Einen Beweis?« wiederholte Ben. »Welchen Beweis gäbe es dafür, daß die Papiere vernichtet sind? Ich habe bemerkt, daß gefährliche Dinge darin stehen, und ich habe auch bemerkt, daß sie einige Leute um jeden Preis in ihren Besitz bringen wollen. Was sollte ich mit den Papieren? Ich habe sie verbrannt.«

Oswaldo blickte Ben starr an, und auch Jennys liebliches Gesicht sah versteinert aus.

»Vielleicht ist es wahr«, sagte Oswaldo. »Vielleicht sprichst du die Wahrheit. Ja, ich glaube fast, daß es stimmt, was du sagst.

Trotzdem frage ich dich noch einmal, und es hängt sehr viel davon ab – nicht zuletzt für dich. Wo sind die Papiere? Überlege es dir gut, bevor du mir antwortest.«

Noch immer saß Ben im Schreibtischsessel, der viel zu groß für ihn war. »Was soll ich anderes antworten? Sie sind verbrannt, zu Asche geworden, zu Staub. Niemand braucht sich mehr um sie zu bemühen, niemand braucht zu lügen und zu betrügen, um sie in seinen Besitz zu bringen. Das ist meine Antwort, ob du damit zufrieden bist oder nicht.«

Oswaldo nickte. »Nun – es hat wenig Bedeutung, ob es wirklich so ist oder ob du es mir nur nicht sagen willst. Viel wichtiger ist, daß niemand da ist, der sie zum Schaden der Freien Gesellschaft anwendet.«

Ben hörte Schritte, und als er sich umdrehte, sah er, daß sechs Männer der Schutztruppe eingetreten waren. Wie alle trugen sie weiße Overalls, doch sie hatten Helme aufgesetzt und am Gürtel Halfter befestigt. Die dazugehörigen Strahlenwaffen trugen sie in der Hand, und sie hatten sie auf Ben gerichtet. Und hinter ihnen war noch jemand hereingekommen: Gunda. Oswaldo drehte sich zu ihr um und sagte: »Die Jagd ist zuende. Er hat die Papiere verbrannt.«

»Glaubst du ihm?« fragte sie.

»Wir können das prüfen«, antwortete Oswaldo. »Unsere Psychologen leisten Hervorragendes. Unsere Neurologen sind mit den besten Instrumenten ausgerüstet. Es wird eine mühsame und langwierige Arbeit werden, aber wir werden sie auf uns nehmen – wir dürfen kein Risiko eingehen. Erst dann können wir sicher sein, daß dieses gefährliche Wissen niemals gegen uns angewandt wird.«

»Er muß verrückt sein«, flüsterte Gunda. »Aber das erklärt, warum wir sie nicht finden konnten.«

»Er wollte nicht mit uns zusammenarbeiten. Ich hätte ihm goldene Berge versprechen können.«

»Er hat nicht einmal versucht, seine Chance wahrzunehmen.«

»Hatte er eine Chance?«

»Entweder er hat grenzenloses Vertrauen in sein Glück – vielleicht glaubt er an Gott. Oder er ist nicht normal. Er war weder durch Drohungen noch durch Versprechungen zu beeinflussen. Wir konnten ihn nicht einmal erschrecken. Als wir ihn an der U-Bahnstation überfielen, stieg sein Herzschlag nicht über achtzig.«

Oswaldo wandte sich an Ben: »Du wirst bemerkt haben, daß du am Ende bist. Es tut mir fast leid, denn persönlich habe ich nichts gegen dich. Du hast mich immer interessiert. Ich habe dich beobachtet, und ich glaubte dich zu kennen. Deshalb ist es mir unerklärlich, daß du die Papiere verbrannt hast. Jetzt könntest du es mir doch sagen: Was hast du dir dabei gedacht?«

Ben blickte wie abwesend vor sich auf die Tischplatte. »Wie spät ist es?« fragte er.

»Er hat den Verstand verloren«, sagte Gunda.

»Und was ist nun eigentlich wahr?« fragte Ben. Seine Stimme war ausdruckslos. »Bin ich ein Überbleibsel einer alten Zeit, über Jahrhunderte konserviert und durch einen Zufall wieder zum Leben erweckt? Bin ich Mitglied einer Bande von Verschwörern? Habe ich mich an einem Aufstand beteiligt?«

»Du bist kein Held, wenn du das meinst«, antwortete Oswaldo. »Mit einer kleinen Gruppe von Studenten der Programmiererschule wolltest du die Welt verändern – das war alles. Eine Kinderei, sonst nichts. Ihr habt wohl selbst nicht geahnt, wie gefährlich die Rezepte zur Sabotage sein konnten, die ihr euch ausgedacht hattet. Es waren deine eigenen Kameraden, die dich unter einen Psychoblock gestellt hatten, und das ist der Grund, weshalb wir dich leben ließen: Du warst der einzige, der wußte, wo die Papiere versteckt waren; so mußten wir auch diese letzte Gefahr noch beseitigen. Und wenn die Gefahr auch noch so winzig war, so wollten wir doch auch die letzte Spur davon ausmerzen. Aus diesem Grund haben wir dich überwacht – jahrelang. Wir wußten, daß sich der beste Psychoblock nach einer gewissen Zeit lockert, und daß man dieser Lockerung nachhelfen kann. Du hast so reagiert, wie wir es erwartet haben. Du hast uns große Scherereien gemacht und manchen Ärger, aber du hast auf verlorenem Posten gekämpft. Diese Welt haben wir in der Hand, und das ist gut so.«

Abrupt stand Ben von seinem Schreibtisch auf. Die Schutzmänner hoben ihre Strahler, doch mit einer fast herrischen Bewegung winkte er ihnen ab. »Es ist wahr: Die Papiere sind vernichtet. Aber ich habe dafür gesorgt, daß das Wissen, das in ihnen festgehalten war, lebendig bleibt. Wie spät ist es?«

Erstaunt blickte Oswaldo auf seine Armbanduhr und antwortete: »Kurz nach elf. Was soll diese Frage?«

»Ganz einfach: In allen Unterrichtszentren, vor allem in jenen
eurer Schulen und Lehrinstitute, wird zwischen zehn und elf
Uhr vormittags vergleichende Geschichte gelehrt. Ich habe den
Inhalt der Papiere durch das öffentliche Kommunikationsnetz
ausgeben lassen. Und ich habe ihn durch einige Erklärungen
ergänzt. Ich habe dafür gesorgt, daß der Text und die Daten
noch während der Sendung aufgezeichnet werden, auf Xerox,
mit Lochkarten, mit Magnetbändern – auditiv und visuell. In
dieser Minute existieren Millionen von Vervielfältigungen. Ihr
könnt einen Teil davon vernichten, wahrscheinlich sogar den
größten Teil, aber es sind so viele, daß immer noch einige übrigbleiben werden. Und jeder, der sie liest, ist aufgefordert, den
Inhalt auswendig zu lernen und weiterzugeben. Worauf ich
rechne, das sind nicht die Menschen in der Stadt, die ihr zu wil-
lenlosen Marionetten gemacht habt. Ich zähle auf die Jungen,
denen ihr die Freiheit gelassen habt, zu lernen, Ideen zu haben
und Ziele zu verwirklichen. Ich weiß nicht, wie es weitergehen
wird, aber ich rechne fest damit, daß diese Stadt nicht mehr so
weiterexistieren kann wie bisher: Die Menschen werden sich
ändern. Das ist alles.«

Die Gesichter der Schutzmänner waren ausdruckslos, es sah
aus, als blickten sie über die Dinge hinweg oder durch sie hindurch. Oswaldo stand an den Türrahmen gelehnt. In seinem
Gesicht malte sich blankes Entsetzen. Er hatte Mühe zu sprechen, als er befahl: »Führt ihn ab!«

Nachwort

Zum Unterschied von England mit seinem H. G. Wells oder Frankreich mit Jules Verne hat es im deutschen Sprachraum nie einen Science-fiction-Autor gegeben, der eine vergleichbare Wirkung ausgeübt und ein ähnliches internationales Ansehen erlangt hätte. Der deutsche SF-Vorläufer Kurd Laßwitz hat zwar einige hübsche Erzählungen geschrieben, vor allem den beachtlichen Roman *Auf zwei Planeten* (1897), der seinerzeit so etwas wie ein Bestseller war, aber auch er ist kein so bedeutender Schriftsteller, daß man ihn ernsthaft Wells und Verne zur Seite stellen könnte. Vor allem hat er, trotz einiger Übersetzungen in fremde Sprachen, außerhalb des deutschen Sprachraums nie eine wirkliche Resonanz gehabt; er ist bestenfalls ein Name, der als einer der Begründer des Genres mitgenannt wird. Paul Scheerbart wiederum, literarisch zweifellos der bedeutendste deutsche Vertreter der Weltraumphantastik, ist selbst heute noch so gut wie ungelesen und hat im übrigen mit der technisch-wissenschaftlichen Richtung der Science-fiction gar nichts gemein. Er war vielmehr ein Fabulierer, der phantastische, der Realität völlig entrückte Einfälle in schier verschwenderischer Fülle aneinanderreihte. Wenn es so etwas wie eine deutsche SF-Tradition überhaupt gibt, so muß man sie eher in den Niederungen der Trivialliteratur suchen, in den Serienwerken und Fortsetzungsromanen wie denen Robert Krafts, in Heftreihen wie »Der Luftpirat und sein lenkbares Luftschiff«, die in der Gegenwart beängstigend viele Nachfolger gefunden haben, und in populär-technisch gehaltenen Romanen, von denen die Hans Dominiks die weiteste Verbreitung gefunden haben; überhaupt ist Dominik nach wie vor der bekannteste deutschsprachige Autor utopischer Romane. Was es derzeit an eigenständiger deutschsprachiger Science-fiction gibt, erscheint fast völlig in den Heften an den Kiosken, nur selten gibt es Taschenbücher und noch seltener gebundene Bücher mit SF deutscher Autoren.

Die einzige ernstzunehmende deutschsprachige Science-fiction, sieht man von einigen vereinzelten Erzählungen und Romanen von Autoren ab, die gelegentlich einmal einen Ausflug in die Science-fiction unternommen haben, schrieb nach 1945 der Wiener Physiker Herbert W. Franke. Er ist der einzige SF-Autor in der Bundesrepublik, dessen Bücher einen Vergleich mit den besseren ausländischen Werken standhalten, und der auch selbst im Ausland einigermaßen bekanntgeworden ist. Als Herbert W. Franke Anfang der sechziger Jahre wissenschaftlicher Herausgeber der SF-Reihe des Goldmann-Verlages war, veröffentlichte er dort einen Band mit rund sechzig zumeist überaus kurzen, pointierten Kurzgeschichten, *Der grüne Komet* (1960), dem in rascher Folge mehrere Romane folgten: *Das Gedankennetz* (1961), *Der Orchideenkäfig* (1961), *Die Glasfalle* (1962), *Die Stahlwüste* (1962) und *Der Elfenbeinturm* (1965). Danach hat er sein Publikationstempo verringert, doch erschien noch ein weiterer SF-Roman bei Kindler und Lichtenberg (*Zone Null,* 1970), sein vielleicht bestes Buch im SF-Genre, und die Kurzgeschichtensammlung *Einsteins Erben* (1972) bei Insel. Obwohl Franke selbst seine Kurzgeschichten zu bevorzugen scheint, so sind es doch die Romane, die als seine Hauptleistung in der Science-fiction angesehen werden müssen. Seine Romane, wie auch viele seiner Kurzgeschichten, drehen sich um einen verwandten Themenkomplex, der immer wieder aufs neue abgewandelt wird: die Möglichkeiten der Kybernetik vor allem hinsichtlich der Beeinflussung und Manipulation des Menschen, der Mißbrauch der Information zur Ausübung von Herrschaft, die Erzeugung synthetischer »Wirklichkeiten« mittels Computern oder Psychodrogen, die Überwachung und Kontrolle der Einstellung der Staatsbürger mittels neuer Kommunikationstechniken. Die Kommunikation ist in irgendeiner Form immer das Zentralthema von Frankes Werk. Die Romane sind kompliziert, oft verwirrend aufgebaut, innerhalb der fiktionalen »Realität« der fortlaufenden Handlung gibt es häufig eingeschobene andere »Realitäten«, seien es als Rückblicke dargebotene echte Erinnerungen, Träume oder maschinell oder durch chemische Mittel induzierte Phantasieerlebnisse, deren Wirklichkeitscharakter für den Helden (und den Leser mit ihm) oft lange ungewiß bleibt oder sogar überhaupt unüberprüfbar ist. Im *Gedankennetz* z. B. durchlebt der Held eine Reihe von fiktiven Ereignissen, Pseudorealitäten, ausgedehnte Tests, die es der totalitären Obrigkeit, deren Verdacht er erregt hat, gestatten, sein Verhalten in gewissen entscheidenden Situationen zu überprüfen; ähnlich wird der Protagonist aus *Ypsilon minus* mit falschen Erinnerungen ausgestattet, die ihn zu einem bestimmten Verhalten verführen sollen. Die Welt der Romane Frankes ist als Irrgarten angelegt, in dem verschiedene Wirklichkeits- und Erlebnisebenen so einander schneiden und ineinander übergehen, daß die Entscheidung häufig schwerfällt, was denn nun Wirklichkeit sei und was induzierte Täuschung; sozusagen die Welt als elektronischer Traum. Dieser ontologische Zweifel rückt Franke in die Nähe des Amerikaners Philip K. Dick, dessen Romane ähnlich düstere Zukunftsaussichten eröffnen, der aber die Realitätsebenen noch viel konsequenter verwirrt, weil er selbst die Naturgesetze aufhebt, was dem Naturwissenschaftler Franke nie einfallen würde. Dick, der Ursache und Wirkung und die Kategorien von Raum und Zeit durcheinanderbringt, ist weitaus nihilistischer: das Weltall selbst gerät aus den Fugen, es zeigen sich Veränderungen als Folge unpersönlicher Kräfte: Zeitverschiebungen, außersinnliche Manifestationen, Parallelwelten und dergleichen, also Veränderungen aus dem Standardrepertoire der massenweise produzierten Science-fiction, die bei Dick allerdings mit größter existentieller Konsequenz durchgeführt sind.

Frankes fiktionale Welten sind zwar nicht weniger antiutopisch gefärbt als die Dicks, doch gibt es ihnen keine übermenschlichen Kräfte: die zukünftigen Höllen, die Franke präsentiert, sind solche, die sich der Mensch selbst geschaffen hat. Hinter jedem Eingriff steht eine menschliche Gruppe oder mehrere Gruppen, die sich der Möglichkeiten technischer Mittel zur Erlangung, Ausübung und Sicherung von Herrschaft bedienen. Nicht das Universum, nicht unabänderliche Gesetze halten den Menschen verstrickt, sondern es sind in jedem Falle Menschen, die ein Netz von Lügen und Illusionen um ihre Mitmenschen ziehen. Es wäre sicher falsch, die wechselnden tyrannischen Ordnungen der Frankeschen Romane mit heutigen politischen Gruppierungen in Beziehung zu bringen. Was es in Frankes Büchern an politischen Anklängen gibt, bleibt bewußt vage, erscheint oft auch sehr vereinfacht; seine Visionen sind abstrakt, so weit in die Zukunft entrückt und so allgemein gehalten, daß die politischen Auseinandersetzungen der Gegenwart ihre Brisanz verloren zu haben scheinen. Frankes Tyrannen sind Technokraten, die auf der Klaviatur ihrer – psychotechnischen, kybernetischen und kommunikationstechnischen – Mittel spielen, während sie sich ihre Programme, die häufig simplizistisch und seltsam unpolitisch erscheinen, erst nachträglich zurechtzulegen scheinen. Sie und den Autor interessieren die Instrumente der Machtausübung. Damit steht durchaus im Einklang, daß auch die Revolutionäre – die echten nicht minder wie die von den Herrschenden einprogrammierten – kaum weniger Technokraten sind als die, gegen deren Herrschaft sie sich auflehnen; und ihre Programme sind genauso vage, wenn auch vage humanistisch. Häufig zeigt sich aber, gerade wenn sie erfolgreich sind, daß sie sich im Grunde nur wenig von ihren Gegnern unterscheiden, daß das System, auch wenn sich die Namen ändern, dasselbe bleibt, die Tyrannei der einen Richtung nur von der Tyrannei einer anderen, nicht minder unmenschlichen Richtung abgelöst wird. Im schlimmsten Falle sind Frankes Revolutionäre zynische Lügner, die bloß nach persönlicher Macht streben – im besten irregeleitete Idealisten, die sich den Fehlschlag ihrer Bemühungen eingestehen müssen, die Machtlosigkeit ihrer Ideale angesichts der Übermächtigkeit der technologischen Gegebenheiten. Im bezeichnend betitelten *Elfenbeinturm* müssen die Revolutionäre nach ihrem fehlgeschlagenen Umsturzversuch aus dem Sonnensystem fliehen, und sie können auf einer anderen Welt nur überleben, indem sie nicht nur ihre Überzeugungen, sondern sogar ihre menschliche Gestalt, alles, was ihr Wesen ausmacht, aufgeben, um in der Gestalt ex-

164

traterrestrischer Wesen weiterzuleben; ein Fehlschlag, wie er radikaler kaum denkbar ist, und an dem auch die Beschwichtigung nichts ändert, daß sie periodisch in ihr Raumschiff und in ihre menschliche Form zurückkehren. Die Konvergenz der Programme und die Übermächtigkeit instrumentaler bewußtseinsformender technischer Lösungen wird besonders deutlich in der Schlußironie der *Zone Null*: nachdem der Leser bis zuletzt im Glauben belassen wurde, daß die beängstigende elektronische Alptraumwelt, die die Expedition aus der sogenannten »freien Welt« erforscht, eine Weiterentwicklung des heutigen sozialistischen Lagers sei, stellt sich zu guter Letzt heraus, daß die Expedition in umgekehrter Richtung erfolgte; was die Helden des Romans vorfanden, waren die schrecklichen Weiterentwicklungen unserer Welt. In diesem Irrgarten aus Lügen und Täuschungen sind die Frankeschen Protagonisten einsame Sucher nach einer Wahrheit, die sich ihnen vielleicht auf ewig entzieht. Häufig zum Scheitern und zur Enttäuschung verurteilt, verfolgt, mißhandelt, mit allen Finessen manipuliert, bedroht von geistiger und physischer Vernichtung, gehen sie ihren mühsamen Weg auf der Suche nach Wahrheit, nur dieser, aber keiner Ideologie verpflichtet. Ben, der Held aus *Ypsilon minus,* ist solch ein typischer Franke-Protagonist: ein mäßig Privilegierter eines Alptraumsystems einer fernen nachatomaren Zukunft, in einer von Smog eingehüllten Welt, wo – wieder einmal – die Liebe verboten ist und der Staat sich mit Ausdauer und Raffinesse der Entdeckung von Abweichungen bei seinen Bürgern widmet. Der Held beschäftigt sich von Berufs wegen mit der Kontrolle seiner Mitmenschen, und er entdeckt, daß er sich selbst als Verdächtigen überwacht; er kommt darauf, daß mehrere Lebensjahre aus dem Gedächtnis verschwunden sind, und er macht sich auf die dornenvolle Suche nach seiner eigenen Identität, durchgehend »gefördert«, bedroht oder auch fehlgeleitet von ihm unbekannten Personen. Am Ende, als die Tragödie der Irrungen vorbei ist, geht er ungebeugt wohl in seinen sicheren Tod, aber er hat das haßvolle System zerstört, ohne indes zu wissen, was nachher kommen soll. Die Bewahrung ihrer

Würde, das hartnäckige, opferreiche und unbeirrte Fortschreiten auf ihrem Weg zur Wahrheit ist das hervorstechendste Merkmal der Helden Frankes; sie alle stehen für die immer gefahrvolle Suche des Menschen nach Erkenntnis, sie verkörpern die menschliche Kognition.

Frankes Stil ist nicht das, was man gewöhnlich als »schön« bezeichnet; er ist zwar bilderreich, doch mangelt es ihm fast völlig an Symbolen, Gleichnissen, eigentlich poetischen Bildern. Franke schreibt knapp, nüchtern, klar. Man ist geneigt, einen solchen Stil bündig, ja sogar dürftig zu nennen. Auch Frankes Gestalten erwachen kaum zu Eigenleben; sie haben ihre festumrissene Rolle im Geschehen der Romane, darüber hinaus aber haben sie keine Existenz. Was gewöhnlich als Nachteil gilt, muß es aber nicht unbedingt in der Science-fiction sein. Franke ist ein Autor, für den Wissenschaft und Technik keine leeren Floskeln sind. Ihm geht es, wie man sowohl seinen Erzählungen wie seinen theoretischen Äußerungen zur Science-fiction entnehmen kann, um die Problematik, nicht um deren literarischen Ausdruck. Er will nicht als Künstler bewundert werden, sondern möchte nur Probleme, die er als wichtig ansieht, so unterhaltsam darbieten, daß sie auf Resonanz zählen dürfen. In seinem Essay »Literatur der technischen Welt« (in Eike Barmeyer (Hrsg.): *Science Fiction. Theorie und Geschichte.* München: W. Fink 1972) schrieb er:

»Es dürfte kein Zweifel daran bestehen, daß unsere Welt von Morgen noch mehr als die Gegenwart von der Technik geprägt sein wird. Fachleute stimmen darin überein, daß diese Technik nicht wie heute vor allem physikalisch und chemisch ausgerichtet sein wird; vielmehr wird man es in einem heute noch unvorstellbaren Maße mit biotechnischen, psychotechnischen und soziotechnischen Prozessen zu tun haben . . .

Man übersieht häufig, daß die Mittel der Kommunikationstechnik ständig weiterentwickelt werden, beispielsweise in Form der Telesysteme, der visuellen und auditiven Verbindungen mit Datenbanken und Computernetzen. Über deren technische Auswirkungen wurde viel gesprochen und geschrieben, die Folgen aber, die das menschliche Leben betreffen, treten in den Hintergrund. Man beachtet sie kaum, und das bedeutet, daß uns die technische Entwicklung wieder einmal überrennen wird, obwohl wir heute Mittel besitzen, mit denen wir uns auf diese Entwicklung einstellen könnten.«

Franke ist also ein Warner, der in seinen Lesern in erster Linie das Problembewußtsein wecken will; er zeigt mögliche negative Entwicklungen in fiktionalen Modellen auf, bietet aber keine fertigen Lösungen. Mit voller Absicht reproduziert seine Prosa die Terminologie und die Darstellungsweise der Wissenschaft, und nicht nur dort, wo er sich unmittelbar der Sprache des Labors und des wissenschaftlichen Berichts (wie in vielen quasi-dokumentarischen Zitaten) bedient. Und gerade aus dieser anscheinend poetischen Wüste, diesem ganz und gar nüchternen und prosaischen Stil entsteht bei Franke so etwas wie eine Poetik der Technik und der wissenschaftlichen Arbeitswelt; eine funktionale Ausdrucksweise, die ihrem Sujet völlig angemessen ist und eine herbe technische Schönheit evoziert. Das ist für einen Science-fiction-Autor keine unbedeutende Errungenschaft.

Franz Rottensteiner

Literatur

K. W. Deutsch: ›Politische Kybernetik‹; Verlag Rombach, Freiburg im Breisgau, 1969

H. Frank: ›Kybernetische Grundlagen der Pädagogik‹, Agis-Verlag, Baden-Baden, 1962

A. Linder: ›Planen und Auswerten von Versuchen‹ (2. Auflage); Verlag Birkhäuser, Basel, 1959

R. A. H. von zur Mühlen: ›Computer-Kriminalität‹, Neuwied und Berlin, 1973

F. Nake: ›Ästhetik als Informationsverarbeitung‹; Springer-Verlag Wien-New York, 1974

·H. Schilling (Hrsg.): ›Herrschen die Computer?‹ Verlag Herder, Freiburg i. Breisgau, 1974

J. Schlemmer (Hrsg.): ›Anpassung als Notwendigkeit‹; Piper-Verlag München, 1973

K. S. Trintscher: ›Biologie und Information‹; B. G. Teubner Verlagsges. Leipzig, 1967

Herbert W. Franke
in den suhrkamp taschenbüchern

Ypsilon minus. Mit einem Nachwort von Franz Rottensteiner. 1976. 168 S. Phantastische Bibliothek Band 3. st 358

Zarathustra kehrt zurück. Science-fiction-Erzählungen. 1977. 216 S. Phantastische Bibliothek Band 9. st 419

Sirius Transit. 1979. 170 S. Phantastische Bibliothek Band 30. st 535

Zone Null. Roman. 1980. 190 S. Phantastische Bibliothek Band 35. st 585

Einsteins Erben. Science-fiction-Geschichten. 1980. 166 S. Phantastische Bibliothek Band 41. st 603

Schule für Übermenschen. 1980. 160 S. Phantastische Bibliothek Band 58. st 730

Paradies 3000. Science-fiction-Erzählungen. 1981. 148 S. Phantastische Bibliothek Band 48. st 664

Keine Spur von Leben . . . Hörspiele. 1982. 232 S. Phantastische Bibliothek Band 62. st 741

Tod eines Unsterblichen. Science-fiction-Roman. 1982. ca. 208 S. Phantastische Bibliothek Band 69. st 772

Alphabetisches Gesamtverzeichnis der suhrkamp taschenbücher